冒險之書

在AI時代，打造不被取代的價值

孫泰藏 著
緋華璃 譯
あけたらしろめ 插畫

真正的發現之旅不是尋找新的風景，
而是從新的角度去看風景。

"The real voyage of discovery consist not in seeking new landscapes,
but in having new eyes."

——馬塞爾．普魯斯特（Marcel Proust）

《追憶逝水年華》（*À la Recherche du Temps Perdu*，1913-27）

前言

身為企業家，我這輩子挑戰了很多新鮮事，經歷過不止一次的失敗，也曾經有過損失很多錢及信用的苦澀經驗。曾經很後悔「早知道當時那麼做就好了」，或者是後悔當時為什麼不這麼做，也曾經陷入深深的自我懷疑，認為自己沒有才華、沒有能力。

即便如此，只要想到什麼新點子，我無論如何都無法不去嘗試看看。在一再失敗的過程中，只要偶爾成功一次，別人就會稱讚我聰明或是優秀。經常有人問我：「成功的祕訣是什麼？」我只能回答：「我也想知道。」這個回答絕不是因為謙虛，而是我真的不知道成功需要哪些能力。

什麼是成功需要的「能力」？

話說回來，「能力」到底是什麼？

學校教育也一樣。我協助很多公司開發人工智慧（ＡＩ），人工智慧的能力、發展的速度令我嘆為觀止。另一方面，我也感到「再這樣發展下去，是不是不太妙啊？」

的不安。接觸到越多先進的人工智慧，我越覺得學校推行的教育內容正逐漸失去意義。

明明時代已經產生劇烈的變化，學校教育的內容與作法卻幾乎還是我四十年前接受教育時的模樣。就連當時的我都覺得「學這些無聊的東西究竟有何意義？」現在的小朋友想必覺得更疑惑吧。

學習本來應該是非常快樂的事，為什麼學校的教育卻如此無聊呢？人生本來應該充滿興奮與期待，為什麼卻總是活得如此不安呢？

腦子裡充滿了這樣的疑問。為了找到這些疑問的答案，我決定展開沒有目的地的探索之旅。踏上旅途後，我發現一件事，在我之前已經有許多旅人踏上這趟充滿刺激的旅程。我有時候追逐著他們的腳步，有時候稍微繞道去別的地方探險，我自己也非常享受這段旅行。

我在這本書裡寫下了那些旅程的記錄。比起結論，我更著重於仔細地寫下我遇到哪些問題、做過哪些探索的過程。因為我希望本書多多少少能成為擁有相同疑問的人踏上旅途的參考。

因此我介紹了很多對我造成莫大影響、給我靈感的人的想法。可能有點深奧，但是他們窮盡一生思考出來的結論，絕對具有細細品味的價值。我在這本書的最後整理了原文的出處，但願這份書單能成為各位讀者在閱讀上的參考。

我的旅行姑且不論，他們的探索之旅都非常刺激、有趣，只要有一點點興趣，歡迎去找他們的書來看，就像邊跟朋友聊天，一起踏上旅途。

那麼，祝各位旅途愉快！

進入本文前，我還有一句話想說。如果讀到覺得深有同感的句子，剛好可以用來形容自己的想法，非常歡迎大家引用書中的內容，不用取得我的授權。

因為我寫的這些文章也都是拾人牙慧（也就是說，並未直接受到對方的教誨，而是偷偷地視對方為師、尊敬那個人、把他當成自己的楷模，向對方學習）。只不過，為了因應現代的著作權法，我巧妙地換成自己的說法，但我也不會因此就認為是自己原創的言論。因為分享想法及資訊才是本書的重點。

孫泰藏

目錄

第1章 UNLEASH

解放束縛

到底什麼是「學校」？

第2章

UNLOCK

解開祕密

為什麼一定要上學？

第3章

THINK OUT LOUD

說出想法

為何大人要求孩子努力學習？

第 4 章

EXPLORE

展開探索

為什麼不能做自己喜歡的事？

213

第 5 章

UNLEARN

歸零學習

未來我們該怎麼學習？

父親的一封信

致吾兒：

顧名思義，這是一本獻給冒險者的書。

所謂冒險，字典上的意思是「明知危險，在不確定能否成功的情況下，仍勇於挑戰的行為」，但爸爸寫這本書的用意是希望你實際展開人生的冒險後，再來看這本書。

因此，爸爸醜話說在前面，如果你尚未展開冒險，請你先不要看這本書。因為唯有實際踏上冒險之旅，真的有所感悟時，才能理解這本書中寫的內容。要是事先看了這本書，自以為理解了，當你實際旅行時可能會錯過其實非常重要、絕對不可以錯過的風景。

你大概已經不記得了，我之所以想要寫這本書，是因為你有一天早上對我說的話。

當時你還是小學生，正專心打電動，我不希望你上學遲到，催你快去學校！你不肯，吵著：「我還沒有玩夠嘛！」一雙眼睛直盯著我看，邊哭邊問我：

「爸爸，為什麼一定要上學？」

這時，我不由得無言以對。因為我發現自己無法正確地回答這個問題。

我想起自己小時候也有很多這種再自然不過的疑問。但那些問題不知不覺間被周圍的大人以「這不是廢話嗎？」的反問，理所當然地蓋過了。

這些問題被遺忘前，我應該或多或少也有些憤慨才對，曾幾何時，就連這些憤慨也忘了。

你不想上學的原因顯然是因為打電動比較好玩。問題是，學校的學習為什麼不好玩呢？

大人總是這麼回答：「不用功讀書的話，長大吃虧的是孩子，大人不能眼睜睜地看孩子將來受苦。萬一因為不用功讀書，人生變得沒有選擇的話，將來一定會悔不當初，所以現在只能狠下心來逼孩子學習。」

你自己或許也這麼想：「因為我還是學生，只好先勉強自己用功讀書，熬到能自己作主那天。」

我很明白這種心情喔。因為我也是這種人。我也曾經相信「只要考上好大學，人生就會有更多選擇，就能得到自由」。

因此我把「考試及格」視為學習的意義，準備考試的時候簡直痛苦到極點。只差臨門一腳就要得憂鬱症的我非常羨慕大學生、怨恨社會、詛咒自己的命運。在那之後過了將近三十年的歲月，每次回顧當時的自己，內心深處都會產生「那樣真的好嗎？」的懷疑。

「學到新的事物時，其實應該要很開心、內心雀躍不已，不是嗎？」

這個單純的疑問一直縈繞在我心頭。為何大家都這麼痛苦呢？而且飽受折磨後，真能換來「自由」嗎？

話說回來，小朋友為什麼一定要上學？

為什麼一定要用功讀書？

為什麼不能只做自己喜歡的事？

諸如此類的疑問接二連三地浮現腦海，害我坐立難安，為了尋找自己的解答，我踏上探索之旅。

經過那趟旅程，我得到的結論是：假如我現在跟你一樣都是學生，我大概不會去上學吧。另一方面，我大概會盡量做自己現在喜歡、想做的事。

不是因為學校很無聊或上學沒有意義，而是我想專心做只有現在才能做的事、現在無論如何都想做的事。

這是因為如同我們認為自己想做的事隨時都能做那樣，其實只要有心，隨時都能學習。

「現在不好好學習，長大就會後悔」這句話，只不過是無意改變世界的大人用來嚇唬小孩的話。

明明有想做的事，為什麼要忍耐不去做呢？

明明有喜歡的事，為什麼不設法改變環境，讓自己能夠只做喜歡的事也足以謀生呢？

這麼做不等於是改變自己，也是改變世界嗎？

你可能會覺得「因為爸爸是大人，累積許多經驗，才會這麼想吧？」但我敢拍胸脯保證才沒有這回事。因為我也是直到不久前才揮別在「學校」學到的東西，踏上冒險之旅。

不要被年齡及立場、社會上的常識等所謂「大人」說的話綁住，相信自己的直覺，踏上冒險之旅，試著挑戰「明知危險也不知道能否成功的事」。

不要欺騙自己、勉強自己做不想做的事。要告訴自己：「現在不是做那些事的時候。」

也就是說，「想開始學習」的心與年齡或時期無關。無論何時、不管幾歲，即使是此時此刻，也能馬上改變自己、採取行動。

為了改變世界，我真心希望有生之年都能繼續冒險。當你決心展開冒險之旅，踏出那一大步的時候，可能再也不會回到我身邊，所以身為父親的我，全心全意、絞盡腦汁地寫下這本書。

你是你、我是我。我無意將自己的框架套到你身上。你只要盡情地揮灑自己的一切潛力就行了。

下定決心後，可能會不安或興奮到睡不著，但願你能勇敢地在看不見未來也看不見腳下的道路上持續前進。有時候，大概會感到徬徨、想放棄，可能還會覺得害怕也說不定。但如果決定克服恐懼、鼓起勇氣、開拓屬於自己的道路，請務必翻閱這本書。

倘若你現在正處於這種狀況，請務必立刻翻開這本書來看。因為這本書裡記下了爸爸透過這趟旅行得知這個世界背後的各種祕密。

父筆

第 1 章

解放束縛

UNLEASH

到底什麼是「學校」？

在學校的學習怎麼會那麼無聊呢？
由於這個再自然不過的問題，促使我展開冒險。

學校怎麼會那麼無聊？
問題出在哪裡？

就算這樣問我，我也答不上來。
在尋找答案的過程中，
我遇見了讓我勇於踏上偉大冒險之旅的人。

某位冒險者的忠告

每個人從小到大應該不只一兩次覺得「啊……真不想上學啊……」吧，不想考試、對課程沒興趣、不想見到討厭的同學……理由千奇百怪，但是都有一個共通點，那就是「不得不去做不喜歡的事、不想做的事」。

話雖如此，也不能因為不想去就不去，「若說自己不想上學，會不會害父母或朋友擔心，給他們添麻煩啊？」這樣的恐懼不容許自己再想下去。不僅如此，可能還有人會陷入罪惡感及自我厭惡的感覺，「只因為不開心就不去上學的話，自己是不是太任性了？」或「會不會只是在利用同情自己的人好意啊？」，進而責備自己。

「因為社會的規範下，只好去上學。不想去學校只是出於自己的孩子氣。」我們是不是這樣告訴自己，然後就放棄掙扎了？

真的只能勉強自己去上學嗎？

難道再苦也要撐下去嗎？

從小到大，我一直在思考這件事，但遲遲找不到答案。直到某一天，我突然想通了。那就是試著從完全不同的角度重新思考，從而產生「要是沒有規定，我理想的學習是什麼樣子？」的疑問，而我對這個問題的答案了然於心。

不要被一所學校綁住，去各式各樣的學校，學習自己喜歡的東西不就行了。而且不要以學校為單位，如果能以切得更細的單位選擇某位老師的某堂課、某些內容不是很好嗎？說得更直接一點，在聚集了最多想學習的事物或人的第一線、聚集了最多研究者的「現場」學習，無疑是最理想的狀況。我是這麼想的。

不是只能向老師學習，向「精通者」學習也是個好方法。上課固然不錯，但是透過執行專案也可以學到很多東西；為了學習而成立公司，或許能更認真地學到什麼。此外，要是小孩和大人能一起學習想學的事物，就更理想了。

如果想學習環境問題，最好去受汙染的地區或垃圾處理場；如果想學習農林水產或食品衛生，最好去田地或果園、山林或河流或海洋、港口、餐廳等場所；如果想學習科學或科技，最好去研究所或工廠；如果想學習藝術或工藝，最好去美術館或畫室、工坊等等——甚至連學習都不必拘泥於一種形式。

怎麼想都是這種方式能學到更多東西，也比過去的學習方式開心。但我們的教育制度卻不允許這種「自助餐」的學習。明明大學就可以選擇自己喜歡的課或研究，為什麼國小或國中不行？再說了，硬逼人們學習沒興趣、不喜歡的事物根本記不住，記不住就算了，甚至還會討厭那些事物，既然如此，為什麼非學習不可呢？我對這種「理所當然的教育制度」總是充滿疑問。

事實上，現行教育制度之所以不允許「自助餐」的理由顯而易見，因為對於提供教育的人來說，這樣很麻煩，經營學校的效率也不好。換句話說，辦不到只是因為「這樣很麻煩」，如此而已。

而且居然沒有人對這個狀況感到不滿，因為大家的思考都卡在「這就是所謂的教育或學習」。之所以覺得「麻煩」，是因為認為「以相同的方式提供所有人相同的教育，是最有效率也最容易的方法」，根本還沒做就覺得不可行。

我認為教育真正的問題在於我們變成了教育的「顧客」。幾乎所有的父母都陷入「要念哪所學校？」、「要讓孩子去哪家補習班？」或「請哪位家教來教？」的迷思，沒意識到還有除此之外的選擇。

我也是拜一位名叫會田大也的朋友所賜，才對這些問題產生興趣。他所從事的工作領域，是利用美術館打造自由學習環境的「博物館教育」。因為工作的關係，他對藝術及哲學都很有研究，經常介紹一些觀點犀利且獨特的優秀作品給我：「這本書很有趣喔。」對我而言是很寶貴的朋友。

有一天，我們久別重逢，我向他坦承我現在的疑問和從疑問中再產生的疑問：「不瞞你說，我現在正在探索這個問題……

「我打算探索到底，直到找出答案為止。可是，這是我第一次思考這種問題，完全不知該從何著手，你覺得我應該怎麼做才好？」

我有些激動地問他，原本一直安靜聽我訴說的他，對我投以柔和的眼神說：「這樣啊，泰藏終於也成為冒險者了。」

「冒險者」？……意料之外的名詞聽得我一頭霧水，他遞給我一本書。

「冒險者能聽見其他冒險者的聲音。唯有下定決心要展開冒險的人才能閱讀《冒險之書》。《冒險之書》散落在世界各地，看在不去冒險的人眼中，只是一本普通的書。但這本書一定能成為你重要的指引喔。」

他丟下這句話，也不管頂著滿頭問號的我就走了。

跟平常的大也不一樣。

不管怎樣，我回到家後，從包包裡拿出他給我的書，封面寫著《世界圖繪》（*Orbis Sensualium Pictus*，一六五八），作者是約翰・阿摩司・康米紐斯（Johann Amos Comenius）。他是距今約四百年前的波希米亞哲學家，被譽為「近代教育學之父」。

「這就是大也所說的《冒險之書》嗎？」

說時遲、那時快，白色的光芒開始緩緩地籠罩四周，我的意識逐漸渙散。黑色的人影與從未見過的風景劇烈交錯，眼前忽然閃過一道銳利的閃光，模糊了我的視線。

回過神來，眼前是聳立著哥德式高塔的城堡。附近有很多人正鬧哄哄地吵成一團，有人大聲喊叫，指著城堡上方的窗戶。我順著他指的方向往上看，只見許多衣著體面的人正被一一丟出窗外。

◆

「媽媽咪呀！這是在做什麼！」

我忍不住尖叫，嚇得只想拔腿就跑的下一瞬間，聽見背後傳來騷動的聲音。回頭看，有個一臉悲痛的老人站在那裡喟然長嘆。周圍很暗，再加上老人的眉頭深鎖，看不清楚他的表情，只能勉強辨認出老人留著長長的鬈髮和濃密的鬍鬚。

我茫然地凝視那個老人，視線對上後，老人有些驚訝地看著我，對我說：「你聽得見我的聲音啊？莫非你是新來的冒險者？」

我覺得口乾舌燥，但總算擠出聲音來說：「那個，我不知道自己是不是冒險者，我只是告訴朋友，說我準備開始探索，他就給了我這本書……」

我說到這裡，老人打斷我，自顧自地接著說：「從窗口被丟出來的人是那些服侍神聖羅馬帝國皇帝的天主教徒，至於將人拋出窗外的則是反抗暴政的新教徒們，史稱

『布拉格拋窗事件』（Defenestrations of Prague），這也是引發血腥的『三十年戰爭』（Thirty Years' War）的導火線。」

原來是這件事引發了那場最後也最大的宗教戰爭，同時也被稱為人類史上最悲慘戰爭之一的「三十年戰爭」啊……。

只見他瞪大了雙眼，注視眼前發生的事好半晌後，指著後面說：「你瞧。」

周圍開始像電影似地播放五花八門的畫面，不斷地出現出高舉各種旗幟的人自相殘殺、爭得頭破血流的場景。

「正如你所看到的，人類永遠都在競爭。有時候是因為信仰不同，有時候是因為膚色不同，有時候是因為語言不同。結果就是我所處的那個時代，變成一個紛爭不絕的混亂時代。」

他繼續以低沉的聲音喃喃自語：「人類一定要接受教育。」

我幾乎被眼前悲慘的光景擊潰。在如此混亂的情況下，他為何特別著重教育呢？

他直勾勾地盯著我看，稍微想了一下，表情平靜地娓娓道來。

「唯有能正確認識世界、正確描述並行動的人，才能為世界的亂象畫上休止符，成為新社會的創造者。為了消除世界上可悲的鬥爭，透過傳達世界本來的模樣，展現人類人性化的一面，除此之外別無他法。不是嗎？」

有道理，如果不了解世界的模樣就貿然行事，只會製造新的混亂也說不定。所以他才認為必須教導所有人類這個世界的一切、將人類培養成優秀的人類才行吧……。

他只是默不作聲地看著不斷變換的光景。我想舉雙手雙腳贊成他的意見，但有一個問題非問不可。那就是，「真的能教導所有人這個世界的一切、將人培養成優秀的人類嗎？」

盯著我看了半晌後，他仰望天空，有如向神獻上祈禱似地說：「一定可以。我相信……」從他嚴肅的表情中可以看到溫柔的眼神。

「因為人類本身就是『宏觀宇宙』（Macrocosmos）的『縮影』（Universali Epitome）。宇宙的一切其實都在人類心裡。所以我們必須知道那一切，也應該知道那一切。」他慢吞吞地接著說。

「因此我寫了這本書，用圖片將自然與文化描繪得淺顯易懂，好幫助孩子們認識這個世界。這本書將成為學習的契機，所以絕不能只列出資訊，更重要的是必須實用且愉快，亦即為我們的生涯響起愉悅的前奏。」

繪本與教科書的誕生原來是基於這麼深遠的立意啊……。康米紐斯老師是偉大的思

約翰・阿摩司・康米紐斯

Johann Amos Comeniuss

（1592-1670）

想家，同時也是非常傑出的創造者耶……。問題是，康米紐斯老師是怎麼想到要這樣做呢？

「我以前是摩拉維亞弟兄會（Moravian Church）的領袖，帶領兄弟們反對國家強迫我們信奉天主教的暴行，因此爆發三十年戰爭時，我被逐出祖國，後來再也沒能重回故鄉。不僅如此，那場戰爭還讓我失去了老婆和兒子……」

我想安慰他，卻又不知該說什麼才好。

「我很絕望。在絕望的谷底想了又想，該怎麼為這個混亂又悲慘的時代畫上休止符。最後終於被我找到了——答案就是讓青少年接受正確的教育，這樣才能讓人類免於毀滅的命運。因此我將希望寄託在教育上。」

這樣啊……。據說三十年戰爭結束後，波希米亞與摩拉維亞的人口從三百萬驟減到九十萬，在那樣的亂世中，會這麼想也無可厚非。

「我做了該做的事。未來會變成怎樣我也不曉得，但我相信像你這種冒險者偶爾會來找我這件事本身，證明了未來正往好的方向發展。」

他說完這句話就消失了。

康米紐斯老師抱著必死的決心創作出《世界圖繪》，成為日後繪本及教科書、百科全書的源頭……。這項創舉影響後世相當深遠，但也因為他的想法太過強烈，反而導致後來的教育變得有些強制性也說不定。

意識到這一點，我的心情變得有些複雜。回過神來，我正坐在自己的書桌前。

◆

我明白康米紐斯老師的想法「想教育所有人這世界的一切事物」。但時代變了，社會的情況也跟當時大不相同，他的想法還適用於未來的時代嗎？

考慮到未來的教育時，我認為應該回溯到現行教育的源頭，也就是康米紐斯老師的思想。我們必須對「透過傳達世界本來的模樣，展現人類人性化的一面」的大前提抱著疑問，再思考「教育是什麼？」

《世界圖繪》與作者康米紐斯

「唯有改變教育，才能改變社會」
「教導所有人這世界的一切、培養出優秀的人」
康米紐斯老師的教誨是現代教育的源頭。

學校忠實地遵循他的教誨。
然而今時今日，學校也成了衍生各種問題的溫床。
學校可以繼續保持現狀嗎？還是應該改變呢？

話說回來，學校到底是什麼？
於是我決定從探索「學校是什麼」的問題出發，踏上旅途。

長達三百年的詛咒

如果是不喜歡、不感興趣的事物，再怎麼勉強自己也學不好。不僅如此，反而會產生討厭的情緒，造成反效果。

既然如此，為什麼我們從小到大明明不喜歡學習、也不喜歡寫作業，還是要學習、寫作業呢？不想做的事明明可以不用做，為什麼我們卻願意乖乖去做呢？

在思考這些問題的時候，我剛好看到某位知名大學校長的專訪。記者問他：「為了在未來的時代生存，該具備哪些技能呢？」

以下是校長的回答：「不能再採取過去那種請教別人，『別人怎麼說，自己就怎麼做』的學習方法。必須主動選擇自己想學的東西，並主動學習。擅長填鴨式學習的人遲早會被人工智慧取代。即便如此，學校卻絲毫沒有要改變的意思。光是想像接受這種教育的孩子十年後、二十年後要面對如何嚴峻的現實，我就覺得毛骨悚然。二十一世紀是沒有解答的世界，所以就連『教學』的概念也會消失。」

聽到這裡，記者又問他：「為了不被人工智慧取代，需要具備哪些能力？」

「『領導能力』，這是人工智慧無法取代，也是無論何處都有用的能力；以及將自己腦中的構想、描繪的世界『可視化』的能力，是系統設計與程式設計的基礎。」

我總覺得這篇訪談有點怪怪的。訪談由始至終都圍繞著「哪些人才能在未來的時代生存下去？」、「為了生存需要具備哪些能力？」的問題打轉。這位記者之所以一直提出這類問題，可能是基於「沒有能力就活不下去」的想法，但我認為就是這種想法讓世界變得越來越糟糕。

被迫學習的知識無法內化成自己的東西，即使學會了程式設計，真正要使用的時候也無法舉一反三。

媒體動不動就祭出「生存戰」或「勝利組／失敗組」、「贏者全拿」（The winner takes it all.）之類的字眼。大人也理所當然地把「社會是弱肉強食的生存競爭，不打敗別人就無法活下去」的話掛在嘴邊。

人生在世，真的不這樣就活不下去嗎？就算真的是這樣好了，我們是從什麼時候開始這麼想？又為何會這麼想呢？

思考過各種可能性，我認為這種想法的源頭或許可以追溯到英國哲學家湯瑪士・霍布斯（Thomas Hobbes）的思想。

◆

我一如往常地坐在書桌旁的沙發，迫不及待地翻開《論公民》（*De Cive*，一六四二）。那一瞬間，沙發的四周籠罩在一片白光裡，我不禁縮成一團。

眼前閃過一道亮光，皮膚感覺到潮濕的空氣，揚起臉，我正坐在長椅上。眼前是有如古歐洲清晨的街景。陰霾滿布的天空下有一座古老的教堂。身旁有個稍微比我年長一點的男士正把紙放在木板上，不知在寫些什麼。男士注意到我，瞇起淺咖啡色的眼珠子，盯著我看了好一會兒，然後又把視線移回手邊的紙，繼續寫字，一面對我說：「新來的冒險者啊！英格蘭的天氣真美好，對吧？」

他快活又渾厚的嗓音與高大的身材相得益彰，還開了一個很有英國風格的玩笑。寬闊的額頭、鬢角和往上梳的紅髮無疑是霍布斯先生本人。乍看之下有點兇，但是說起話來又給人親切的感覺。

他剛才說「新來的冒險者」，意思是之前也有人來過嗎？

他的視線依舊落在紙上，但這次換上認真的語氣說：「冒險者啊，你知道嗎？歐洲目前正陷入內戰的漩渦。就連宗教也保障不了人類的生命安全。人類真是太可怕了。」

他是指康米紐斯老師也說過的三十年戰爭嗎……？「人類很可怕」這句話，又是什麼意思呢？

「名利是人類最渴望的東西。所以如果放著不管，人類就會為了自己的利益你爭我奪，變成人吃人的世界。」

他的口吻逐漸變得熱切。

湯瑪士・霍布斯
Thomas Hobbes
（1588–1679）

「社會不是基於我們對同伴的愛，而是基於我們對自己的愛產生連結。換句話說，在最自然的狀態下，全世界的人都是敵人，因此會變成一場『所有人對抗所有人的戰爭』喔。那麼，你認為什麼能為世界帶來和平？」

「康米紐斯老師認為是『教育』……」我說到一半，他翻開自己的著作《利維坦》（*Leviathan or The Matter*，一六五一），開始高談闊論起來。

「是我稱為『利維坦』的國家機器！」他的眼睛瞪得大大的，彷彿燃燒著熊熊的紅色烈焰。「將所有人擁有的力量集中於一處，創造『權力』（common power）以阻止萬人對萬人的戰爭。唯有這樣才能守護和平與秩序。我一直在思考能不能以科學的方式加以設計、證明這一點。」

下一瞬間，教堂的鐘聲響徹整座城市。鐘聲十分響亮，我忍不住往前傾，摀住耳朵。過了好一會兒，我戰戰兢兢地睜開眼睛，發現自己已經回到房間的沙發裡了。

◆

和平不是輕易就能得到的東西，我們必須更貼近現實才行。霍布斯先生基於這個想法，將社會描述為「所有人對抗所有人的戰爭」。

但我相信人類的本質並非如此利己。霍布斯先生認為「世界繞著競爭打轉」只不過是一種看法。然而，由於這種看法無法提出實證或反證，因此自十八世紀以來，很多人接受這種看法，從此以後，這種想法就束縛了我們將近三百年。

這裡我想大聲地說一句，現實世界已經不是霍布斯式的世界了，「人類是只考慮到自己的動物」的看法也不再適用。是因為我們這麼看待世界，現實才會變成這樣。

這種「必須贏得生存競爭」的強迫觀念正侵蝕著我們的心，必須將其從心中趕出去才行。我們應該逃離這個詛咒，並從別的角度來看事情。

「不，我才沒有什麼強迫觀念。」

「我爸媽才不是這麼想的。」

就算有人這麼說，我也不會輕易採信。萬一真的有人這麼說，我倒想問問：

既然如此，你為什麼要考試，為什麼要補習呢？為什麼要接受測驗，為什麼要取得證照呢？各位的父母為什麼要求我們去上補習班呢？

肯定很難回答吧。那是因為各位都覺得「這不是理所當然的嗎」，而上述這些「理所當然」的根源來自於不安及強迫性想法。

在充滿了強迫性想法的社會裡，人心十分荒蕪，變得歇斯底里，不妨稱其為「反烏托邦」（dystopia，烏托邦的反義詞）吧。

我們應該有所自覺，如果只是隨波逐流地活在世上，自己就會成為反烏托邦的一員。反過來說，只要大家都能或多或少持續用自己的腦袋思考，不要停止思考，世界就

烏托邦其實就在自己創造的「反烏托邦」之外

會徹底改變。只要別被常識束縛、不被焦慮掌控、不再壓抑自己真實的感受，大家應該都能過上幸福生活才對。

如果放著不管，生性利己的人類
只會為了自己的利益一直爭權奪利。

意識到這一點的霍布斯，說自己「與恐懼是雙胞胎」，
「母親生下自己的同時也生下了恐懼」。

他的詛咒直到三百年後的今天都還有效。
學校是受其影響最深的制度之一。
而學校裡還藏著一個十分驚人的祕密。

圓形監獄的憂鬱

學習本來應該是個人的主動行為，「因為想學所以去學」。可是學校卻把小孩變成「被動接受學習的人」，讓他們變成了「接受教育服務的消費者」。

尤其是義務教育，很容易突顯出平等主義的缺陷，主張「大家都必須公平地受教育」，逐漸變得一板一眼、不知變通。孩子變成了在教師的監視與指導下的存在，也剝奪了孩子學習的自由。

教師本人應該也不希望事情變成這樣，為什麼會變成這樣呢……？

為了找出這個問題的答案，我問了很多人，但遲遲找不到令人滿意的解答，最後總算遇到帶來啟發的人，那就是法國哲學家米歇爾・傅柯（Michel Foucault）和奧地利哲學家伊萬・伊里奇（Ivan Illich）。

我先翻開傅柯的書，他在《監視與懲罰：監獄的誕生》（Surveiller et punir, Naissance de la prison，一九七五）書中提到一個令人震驚的事實。在現行教育及醫療等公共服務中經常使用的管理制度，皆起源自「圓形監獄」（Panopticon）。

所謂的圓形監獄，是十九世紀英國法學家傑瑞米・邊沁（Jeremy Bentham）提出的環形監獄，據說名稱是由「pan（滴水不漏）」與「optic（觀看）」的希臘文組成。

傅柯的書看到一半時，我的四周再次出現強烈的閃光，眼前變得一片白茫茫。

◆

當眼前的白光逐漸消失，才看見面前的鐵欄杆擋住了我的去路。

這是什麼？我大吃一驚地回頭看，發現自己正置身於密不透風的建築物裡，裡裡外外都鑲滿了鐵欄杆，只能看見外頭的高牆。而房間非常狹窄。

事情大條了，這不是監獄嗎！

哇啊啊啊！內心充滿想放聲大喊的衝動，但是被發現就糟了，所以我趕緊把聲音吞回去。這裡該不會就是所謂的「圓形監獄」吧？

圓形監獄

（圖為古巴青年島〔Isla de la Juventud〕莫德洛監獄〔Presidio Modelo〕內部）

（資料來源）Photo Credit: Friman, CC BY-SA 3.0, via Wikimedia Commons
https://commons.wikimedia.org/wiki/File:Presidio-modelo2.JPG

我提心吊膽地四下張望，發現這是一座有著穹頂的巨大圓形建築物。穹頂的中心有一座塔，塔樓上有著偌大的窗戶。大概是監視塔吧。我的位置剛好背光，所以完全看不見誰在那裡。

我的單人房有兩扇窗戶，一扇朝內側開，對著塔的窗戶；另一扇朝外側開，光線照亮了單人房的每一個角落。建築物裡是一間又一間的單人房，以監視塔為中心，呈螺旋狀排列，羈押在每間單人房裡的囚犯身影在光線下無所遁形。

總之，先逃離這裡再說。我想檢查外面的檻杆，突然反應過來。

米歇爾・傅柯

Michel Foucault

（1926–1984）

我的舉動會被塔裡的獄卒看得一清二楚。如果有什麼打算，一定得趁他們不注意的時候才行。但我完全看不見他們，根本無從掌握他們不注意的時候。

唉……這下子豈不是束手無策了嗎？現在完全處於單方面受到監視的狀態，簡直像是隨時被一個神祕的跟蹤狂盯著看，令人毛骨悚然。我全身的寒毛都豎起來了。

就在這個時候，我感覺背後有人，回頭一看，有個抱著胳膊，眼鏡後面閃著銳利目光的人就站在我背後。是米歇爾・傅柯先生。

「沒錯，這裡是圓形監獄。這座

監獄的構造能讓囚犯們認為『自己隨時受到監視』，使他們乖乖聽話。」

傅柯先生摘下眼鏡，仔細地擦拭鏡片，開始向我發表高見。他的聲音充滿了自信與威嚴。

「這是為了創造出主動守規矩的人類、沒有人看守仍服從命令的人類，亦即『機械化人類』的機關。由提倡『應該追求最大公約數的最高幸福』的邊沁所發明的。是不是很完美？」

他一臉感動地接著說：「圓形監獄是監視囚犯效果最好、成本最低、也最優秀的監獄。明白了嗎？學校也一樣。學校是結合『監視、賞罰、實驗』這三大功能為一體的複合設施。透過規律及訓練將孩子們塞進秩序的框架裡，讓學生自動服從，是很巧妙的設計喔。」

我聽得目瞪口呆，說不出話來。

「教育的用意雖說是要激發出孩子們的自主性，其實是權力結構的一部分，從而創造出自動服從規律及訓練的人類。透過這種方式製造出來的權力，將巧妙地奪走人們手中的自由。人除了會主動規範自己，同時也會主動放棄自由，服從現有的秩序。」

他到底在說什麼……。圓形監獄與學校、莫名其妙的權力結構……。還沒想出個所以然來，我又回到熟悉的房間裡了。

回想傅柯先生說的話，我感到無奈的同時，也產生了「為什麼學校會變成這樣？」的疑問。

♦

就在這一刻，有另一個慢吞吞的聲音迴盪在房間裡。

「學校之所以變成這樣，是因為把技能訓練與人格塑造硬是掛勾在一起。」

我大吃一驚地四下張望，沒有半個人影。不過我知道那個聲音肯定是從伊萬．伊里奇先生的作品《怡然自得的工具》（*Tools for Conviviality*，直譯，一九七三）發出來的。

我拿起那本書開始閱讀。根據伊里奇先生的主張，學校是由以下三個目的結合而成的場所：

1. 訓練技能，讓學生成為可以優秀的勞動者
2. 灌輸教養，讓學生成為社會上遵守規律的一員

3. 培養出具有良好人格的出色人才

打個比方，原本有人只是剛好成績考比較好或比較差，不知不覺卻演變成「成績優秀的人比成績差的人更了不起」的上下關係。成績不好的學生被瞧不起，被貼上「學力不好＝腦筋不好＝吊車尾」的標籤，破壞校規的人則被貼上「不守規矩＝態度惡劣＝不受教」的不良標籤，甚至還可能因此受到排斥、被欺負。這完全是因為學校是由這三個目的結合的場所導致。

他指出，當這種由學校灌輸的想法在社會上廣為流傳，結果塑造出「專家比外行人了不起」的常識。人們不再用自己的頭腦思考，而是不疑有他地遵守專家制定的系統。

說到這個，我可以想到很多例子……像是新冠肺炎時期的防疫對策，那些只會聽從防疫專家的意見，自己什麼都不想的人，或是對採取不同行動的人，批評他們是「外行人，別自作主張！」的人……。

另外，家長或教育者中也有人特別強調要守規矩。「出了社會就不能再任性妄為了，所以出社會前最好在學校累積諸如此類的訓練喔。」這種話乍聽之下很合理，但我覺得非常奇怪。

我們不該試圖讓孩子們融入現在的社會，而是要推行讓孩子們「有能力擺脫並改變現狀」的全新教育方式。

創造出這種心胸狹窄的社會，必須壓抑自己的想法以配合社會的人，不是別人，正是包含我在內的大人。所以，需要改變的應該是我們大人，而不是孩子們。

傅柯先生告訴我們，
學校其實是權力被自動化的制度，是圓形監獄。

學校能巧妙地讓學生自動自發地服從，
從而支撐起現有的秩序。

學校是從什麼時候變成這樣呢？
是誰基於什麼意圖製造出這樣的制度呢？

在尋找源頭的過程中，
我遇見了一位年輕的改革者。

應該再被發明的發明

某一天，我去朋友家玩，他們家六歲的小男生正在看和宇宙有關的紀錄片。我有點好奇，在他旁邊坐下搭話說：「哇，你看的節目好有趣啊！」

我知道他喜歡宇宙，但仍不禁覺得這個節目對六歲的孩子有點難吧，總之先坐下一起看再說。

該節目的內容是以淺顯易懂的方式解說關於宇宙的最新資訊，介紹了很多就連我也不知道的最近、最新的發現，以及正在推動的專案等等。我想讓孩子知道我也對宇宙很有興趣，很高興能跟他一起看這個節目，所以每次介紹什麼新的主題時，我都會以有點誇張的反應說：「哇！好神奇！真的假的？」一一顯示出我的驚訝，他看到我的反應，開始露出得意的表情說：「很神奇吧！」儼然自己就是發現那個事實的人。

「咦！居然有這種事？我都不知道！你知道嗎？」我驚訝地面向他，他看也不看我一眼，挖著鼻孔說：「嗯，知道啊！」以上的交談一再重複，最後我實在太驚訝了，目不轉睛地看著他說：「你怎麼知道這麼多啊？剛才那是什麼意思？我有聽沒有懂。」

在我的追問下，他開始興高采烈地解說：「那個啊……我跟你說……是因為……」他好像已經看過這個節目無數次，非常詳細地解說給我聽。不管我這個「初學者」提出什麼問題，他都不厭其煩地一再解說。

我好喜歡他這點。不只他，很多小孩都有這個優點。

他的解釋雖然有些語焉不詳的地方，但細細聽下來，其實十分明確，尤其是名稱及數字等資料非常正確。

他仔細地為我說明木星多不勝數的衛星名稱及火箭的型號等等，經我一一搜尋確認，發現全都如他所說，他正確且精細的記憶，令我大吃一驚。

以前我一直認為，自己身為四十八歲的大人，知識及經驗、智慧肯定比只有六歲的他豐富，那一瞬間，他完全推翻了我的自以為是。當然，我活得比較久，所以知道的事也比他多，這是事實，但是在他充滿興趣的領域，我完全處於受教的狀態，再也不敢覺得自己凡事都比他優秀了。

仔細想想，和以工作很忙為藉口，不思進取的我比起來，他在好奇心的驅使下，對自己感興趣的事刨根究底，我有很多事反而要向他學習，也是誠屬自然的結果。

這時我突然想到一個問題：「在這個瞬息萬變，每十年就有截然不同景象的世界上，孩子們現在應該學什麼呢？」

答案不外乎是「為了讓世界變得更好的事」。因為這才是與世界最息息相關的事，肯定非常有趣。

面對新的事物，每個人都是初學者。既然如此，不管小孩還是大人，讓所有感興趣的人圍著桌子，快樂地學習不是很好嗎？……

等等，為什麼不這麼做呢？為什麼小孩和大人不能一起學習呢？

這個問題令我耿耿於懷，於是我開始研究學校的起源與歷史，終於我找到原因了。原因就出在現行教育制度重要的一環，也就是「班級」的結構。

◆

就在調查班級的起源時，不知不覺我又睡著了。

朦朧的意識中，突然被一道刺眼的光線喚醒，眼前是一個長方形的大房間，擺滿可以讓十幾個人橫向坐成一排的長桌，地板微微傾斜，從房間的最後面也能將前面貌似講臺的位置一覽無遺。房間裡坐滿了穿著樸素的少年，他們正在手邊的石板上寫字，卡嚓卡嚓的聲響迴盪在空氣裡。

「歡迎光臨，冒險者！」

轉身回頭，有個體格勻稱的年輕人正從對面走來。話說回來，這裡是哪裡？

我還沒來得及問他，他先攤開雙手，看著四周回答：「如何？很迷人的風景吧？這裡是我約瑟夫・蘭開斯特（Joseph Lancaster）創立的全新學校！這裡採用了我發明的劃時代教育法。你仔細看，有沒有發現什麼？」

在他的催促下，我仔細看，發現桌子分成三排，各自被從「Ⅰ」寫到「Ⅷ」的數字板隔開。每個小組旁邊都站了一個看起來比較年長的學生。

「這裡是由學生負責教學的喔！」他很自豪地挺起胸膛說。

「由先學會的人教其他學生，我稱他們為『小老師』（monitor）。另外，為了提升學習的效率，我們依照學力將學生們分組，我稱這些小組為『班級』（class）。」

哦，板子上的數字原來是

班級編號啊。咦？難不成這就是班級的起源？

「由大約十名學生擔任小老師，測驗其他學生是否掌握了學習的內容。考試及格的學生就能往上升一級，這就是我發明的全新教育制度『導生制』（monitorial system）！」

他講得口沫橫飛，可以充分地感受到他對自己一手打造的原創制度感到很滿意，並且推行得很順利的興奮與喜悅之情。同樣身為企業家，我很能體會他的心情。

問題是，蘭開斯特先生為什麼要發明這個制度呢？

他深呼吸一下，眼神望向遠方，開始娓娓道來：「我十四歲離家，夢想在牙買加當傳教士。可是當我知道倫敦貧民窟的孩子們都沒有辦法受教育時，就下定決心為他們創辦學校。

「到了二十歲的時候，我終於實現願望，創辦了學校。我想賦予窮人家的小孩智慧，幫助他們脫離貧窮。不，不只他們，我希望全世界的小孩都能受教育——是這個想法催生出這套制度。」

二十歲就創辦了學校？他今年該不會還不到三十歲吧？

「托大家的福，盛況空前。我們得到了很多有權有勢的有錢人資助，才得以成立如此體面的學校。」

哇！這麼說來，以現代的標準來看，他豈不就是一位新創家嗎？難怪我覺得他跟我支持的創業者們有些相似之處。真了不起。我十分佩服他實現理想的動力。

蘭開斯特先生接著說：「為了消化大量的學生，如果聘雇很多老師，成本會變得很高。於是我想出讓學生教學生的方法。因為是由孩子教導孩子，教學方式也必須盡可能簡單才行。」

我又環視教室一圈。右側的牆壁前有許多學生坐在長椅子上。看樣子他們都在等待輪到自己上課。另一方面，左側的牆邊則以相等的間隔擺放著教材，小老師正在教班上的學生讀法或心算等不需要用到石板的科目。

由先學會的「小老師」教導班上的其他學生

（摘錄自約瑟夫．蘭開斯特著，《英國的教育制度》）

No. 3.

（資料來源）《英國的教育制度（第15卷）》（*The British system of education: being a complete epitome of the improvements and inventions practised at the Royal free schools*，直譯）
https://www.google.co.jp/books/edition/The_British_System_of_Education/6ynikBkDTjoC

這時，名為「總班長」（General monitor）的學生喊出「交換！」，口令響徹整間教室，下一瞬間，圍著長桌的孩子們一齊站起來，在小老師的帶領下移動到排在右側牆邊的長椅上。另一方面，剛才坐在長椅子上的孩子們走向左手邊的牆壁，原本用牆邊的教材學習的孩子們則一起坐在長桌前。

「閱讀及算術課依班級而異，所以要用這樣的方式輪流上課。」

有條不紊且迅速移動的孩子們看得我目瞪口呆，蘭開斯特先生對我說：「是不是很令人驚訝？簡直跟最新型的生產線沒兩樣呢！這種由班上的小老師管理學生、由總班長管理秩序、由教師

（master）管理整個班級的導生制，是一套高效率的系統。」

他很得意地給我看一本書，書名為《教育的改善》（*Improvements In Education: As It Respects The Industrious Classes Of The Community*，直譯，一八〇三）。

「關於這個制度的構想都整理在這本書裡了，請務必一讀。你看完肯定也會跟絡繹不絕來參觀的人一樣感動。不過我現在還在測試各種新點子，這本書可能很快就會過時了！」

他滿臉笑容地說完這句話，匆匆忙忙地走開了。我總覺得心裡有些不舒坦，忍不住低下頭去。再抬起頭來時，又回到熟悉的房間。

◆

導生制是將當時最先進的工廠作業系統應用在教育上，因為效率非常好，一口氣傳遍整個歐洲。

在那之後，英國教育家塞繆爾・威爾德斯平（Samuel Wilderspin）開發出一種新式的同步教學法「畫廊法」（gallery）。這是讓幾十名學生坐在階梯上，一起向站在正前方

塞繆爾．威爾德斯平（Samuel Wilderspin）發明的同步教學法「畫廊法」

（摘錄自塞繆爾．威爾德斯平著《青少年教育制度》）

（資料來源）《青少年教育制度》（*A System for the Education of the Young,* 直譯）
https://archive.org/details/asystemforeduca00wildgoog/page/105/mode/2up

的教師學習的方式。這麼一來，教師不僅可以照顧到所有學生，學生也能透過觀察其他同學的行為促進學習。

一八六二年，英國政府將這兩種教育體系合而為一，提出依學生出席日數或學力等標準，由國家補助學校的制度，由於聚集優秀的人才更能有效率地教學，也更容易爭取到補助金，因此產生了由同年齡的孩子們組成班級的「學年制」（grade system），從而「同學年的孩子們學習同一種課程」的教學形式誕生了。

從此以後，這種形式一直延續到二十一世紀的今天。也因此，孩子們無法再跟大人一起學習了。

學校的起源居然是把人類當成工業產品那樣大量生產的工廠啊……也難怪學習會變得這麼無聊了……。

話雖如此，光看圖片也能明白蘭開斯特先生及威爾德斯平先生發明的制度在當時有多麼創新。拜這些教育法所賜，有很多過去無法受教育的小孩都能受教育了，這確實是很大的成就。

他們的功績絕不會褪色吧。但問題在於，這種大量生產的教育明明過時了，兩百多年過去了，教育的方式卻沒有絲毫改變。

承襲這些偉大的發明家及改革者的精神，我們時隔兩百年後，必須重新審視教育制度，再次發明出如十九世紀的班級與學年制之類，符合當今時代的新教育。

小孩無法跟大人一起學習的理由，
在於蘭開斯特先生發明的「班級」
和威爾德斯平先生發明的「學年」制度。

從浮現心頭的疑問，展開尋找「班級」的源頭之旅，
旅途中又讓我掌握到一個學校的祕密。

然而，理由不只這樣而已。
還有一個根深蒂固的理由，
藏在各位做夢也想不到的地方。
這個事實讓我的想法產生非常大的改變。

解開束縛！

在探索小孩無法跟大人一起學習的理由時，我發現還有一個重大的理由。

那就是將人類的一生分成「少年期」、「青年期」、「中年期」等好幾個階段的想法，再依照這個名為「社會心理發展階段」（Stages of psychosocial development）的概念設計社會制度。除了規定幾歲要上學的義務教育制度之外，還有規定十五歲才能開始工作的勞基法、長達數十年的房屋貸款、規定幾歲才能請領退休金等等都是很好的例子。我們的人生被法律切割成無數個「階段」。

因為實在太理所當然了，完全沒有懷疑過，為什麼會有這些規定呢？這些規定是什麼時候形成的？

尋找源頭找得不亦樂乎的我，在學問的世界裡探索著經濟學及心理學、生物學等琳琅滿目的學問。得知是出現於一九五〇年代的「心理社會發展理論」（psychosocial developmental theory）創造出上述的想法。

此理論是由美國的心理學家艾瑞克・艾瑞克森（Erik H. Erickson）博士提出。他出生於德國的猶太人之家，因為長得跟一般金髮碧眼的猶太人不一樣，在猶太教會被當成「外人」，在故鄉的學校又被稱為「猶太人」，兩邊都歧視他。

「我到底是誰？」他為此飽受折磨，從而創造出如今無人不知、無人不曉，但是在當時還不曾出現過的概念，也就是意味著自己的風格或個性的「自我認同」（identity）。

他在《童年與社會》（*Childhood and Society*，一九五〇）一書中發表的「社會心理發展階段」，將人的一生分成八個階段，並揭示每個階段的特徵。

艾瑞克森博士說明：「每個階段有每個階段需要解決的危機與課題，如果能順利地解決那些問題，就能產生成就感、形成健全的人格；另一方面，如果無法解決課題，就會覺得自己有所缺陷。當然也不是不能之後再來解決。」

這個模式非常創新，因此很多人都覺得「原來如此，這個分類分得太好了」，無論是在公司或工廠上班的人、還是在設計保險或房貸時都用上這個模式，甚至還反映在法律或年金等社會制度上。

這種「生涯階段」（life stage）的思考模式如今已經變得理所當然，在我們還沒發現社會要求我們遵循各個階段的特徵生活時，就已經無法擺脫這個思考的制約了。

生活周遭確實充斥著「小孩就要有小孩的樣子」或「大人還做這麼幼稚的事，太丟臉了」這種「什麼年紀做什麼事」的批判，讓我們下意識不敢做出那個階段不該做的事……。

每個階段之間的「區分」十分明確，很難打破。從幼兒期到青年期的二十歲左右要去學校上課，由不得你「我現在不想學習，所以不想上學」。學校畢業後，又被要求「為了自力更生必須工作」，不再有時間學習。等到了可以領退休金的年紀，又無法在職場上工作，導致許多人只能無所事事地虛度光陰。

以我為例，我大學念的是經濟系，內容與社會的實際面有一點脫節，所以我有點迷惘，不知道到底為什麼要學習，因此覺得上課無聊透頂，但又不能因為這樣就不去學校，只好看在學位的份上勉強自己學習。

艾瑞克森博士的「社會心理發展階段」

	積極面	成長面	消極面
老年期	統合	睿智	絕望、厭惡
成人中期	生殖性	照護	停滯
成人早期	親密性	愛	孤立
青春期	認同性	誠實	認同混淆
學齡期	勤勉性	成就感	自卑感
學齡前期	自主性	目的	罪惡感
幼兒期	自律性	意識	羞恥、疑惑
嬰兒期	基本的信賴	希望	基本的不信賴

相反地，當我出了社會，在工作上累積越多經驗，越感覺自己什麼都不知道，開始想更深入地學習，但又認為自己沒有時間，以此為由放棄學習，「事到如今也不能再回大學上課了……」明明不去大學也隨時隨地都能學習，卻受限於生涯階段的「區分」，完全沒有考慮到這個可能性。

隨著醫療進步，人類的壽命大幅增加，生涯階段已經不符合現狀了。退休後的人生用「餘生」來形容未免還太長；另一方面，覺得學校很無聊，因為很無聊所以提不起勁來學習，因為提不起勁來學習所以越來越跟不上，結果因此不想上學的年輕人與日俱增，儘管如此，他們卻沒有其他可以活出自我的選擇。

我認為唯有從根本改變「人的一生要怎麼過」的想法，才能解決這個問題。可是就算要改變，又該從哪裡著手呢？

我一直在思考這個問題，從各種不同的切入點持續探索，結果想到一個非常簡單的答案。

如果覺得學校很無聊，就不要勉強自己去上學。如果不喜歡被迫學不想學的東西，大可不用學。想玩就玩、想學才學、想工作再工作就好了。如果覺得做什麼事很疲憊的話，休息就好了。

換句話說，只要打破「區分」的框架，我認為人們大可以隨時想玩就玩、想學才學、想工作再工作。

更乾脆一點，連被視為「為孩子們打基礎的學校」的「小學」或「中學」都不要好了。因為那就是人生最初也最大的「區分」。

這是什麼意思呢？當然不是消滅小學或中學的意思。我想出來的新點子是不要現行的國中小學，另外建立新的「給初學者學習的場所」。不分小孩或大人，只是要對同一個題目感興趣的「初學者」，任何人都可以一起快樂學習的場所。

我們也不要再將「技能訓練」或「培養優秀人才」等的期望加在學校之上。這麼一來，就能擺脫學校身上的「詛咒」。

我想說的是，雖然學校很無聊，但它並不是導致無聊的罪魁禍首。真正要改變的不是學校本身，而是我們每個人「對學校的期望和看法」。

學校不要再以「培養勞工的技能訓練所」為目的，這實在太無聊了。「為了成為遵守規則的人類所需的教養」是什麼？這個設定本來就很奇怪吧。「培養優秀人才」又是什麼？到底有誰能培養別人變成優秀的人才？這應該是本人的自發性想法，而不是透過學校達成的目標。

受制於「何為學校？」的目的、受制於「義務教育」的制度、受制於年齡、受制於發展階段、受制於金錢……因為有各種莫名其妙的限制，學校才變得那麼無聊。接下來只要能解放學校，一切應該就能好好地開始步入正軌。

上述的想法一口氣吹散了籠罩在我腦子裡的迷霧。

學校裡充滿了社會施加的各種束縛，看起來好痛苦。

我們應該重新思考、重新建構我們的生活方式，尤其是學習方法。未來的我，也想繼續與孩子們一起一邊大笑著，一邊學習。

在百歲時代，要重新打造不管幾歲
都可以學習、玩樂、工作的人生

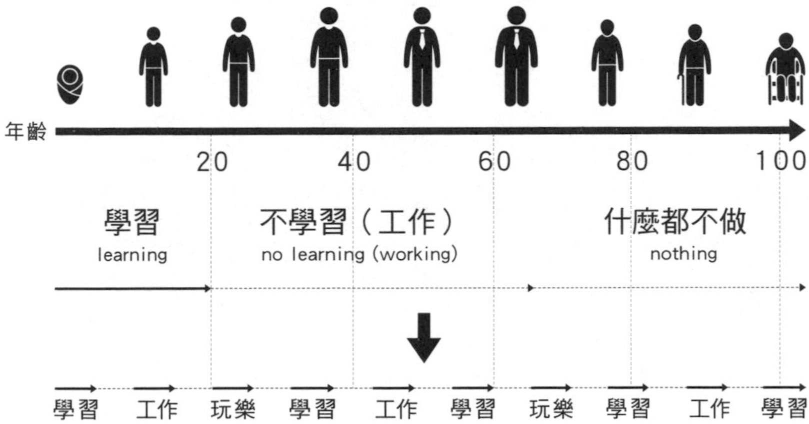

「我懂了！太棒了！」

「哇！真的嗎？好神奇啊！」

「哈哈哈！搞不定耶！」

「可是也正因為如此，人生才這麼有意思不是嗎？」

創造小孩和大人可以一起學習的場所，
也就是打破名為「發展階段」之牆。
這是唯一能改變我們生活方式的方法。

對我而言，這個發現完全稱得上是
令我整個脫胎換骨的嶄新想法。

一旦產生這種想法，
就會覺得那些「理所當然」的事情
都很匪夷所思。

從事慢速學習

我與許多開創新教育的先驅者們交流過想法，也跟目前從事教育相關工作的人進行過好幾次對談。

有多少人就有多少種想法，而且每種想法都很有意思，尤其是教學對象是年齡層較低的孩子時，有不少老師都這麼說：「如果不從非常小的時候開始學外文，就很難說得非常流利。跟運動或音樂一樣，必須具有某種身體上的天賦，因此如果不從小開始學，就很難達到專業的水準。」

經常有人說外語發音或絕對音感都要從小學習，我很想知道這是否是真的……？但也確實聽過專業人士或運動選手都是從小就開始訓練的傳聞，這種人似乎真的不少……。

感到好奇的我查了很多資料，下頁這張圖是二〇〇四年雅典奧運出場選手開始正式從事競技項目的年齡。由此

2004年雅典奧運出場選手開始從事競技項目的年齡

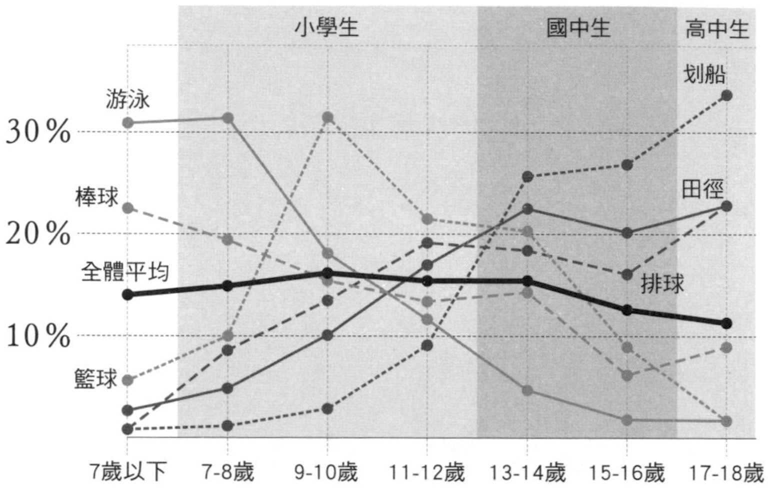

（資料來源）Roel Vaeyens, Roel Vaeyens, Chelsea R. Warr, Renaat Philippaerts, 參考〈Talent identification and promotion programmes of Olympic athletes〉製作而成。
https://www.tandfonline.com/doi/figure/10.1080/02640410903110974

可見，游泳以從七歲開始的人最多，但也有人從十二歲才開始；田徑則是以國中或高中才開始的人居多。換言之，即使你不是從小開始訓練，也有成為奧運選手的可能性。

就連成為奧運選手，也跟是不是「從小開始」沒有太大的關係，所以只要好好地享受藝術或運動就好了，沒有一定要從小開始的定律。

我們經常可以看到「越早開始越好」這種想法，而且還寫得有憑有據，彷彿是經過科學驗證的事實，但這完全只是一種假設。因為就算想要證明或反駁都很難。

既然如此，為什麼還是有成千上萬的教練或老師堅持「一定要從小開始」，為什麼我們覺得「越早開始越好」呢？這種想法是什麼時候產生的呢？

我仔細地研究了這個問題，最終發現提示似乎藏在生物學和神經科學的領域裡。美國的語言學家兼神經科學家艾瑞克・列尼博格（Eric Heinz Lenneberg）博士曾發表了震撼全球的假說「關鍵期假說」（critical period hypothesis），假說內容是「人類從兩歲左右到十二歲是關鍵期，一旦過了這個關鍵期就很難再把語言學得跟母語一樣溜」。他在《語言的生物學基礎》（*Advances in Biolinguistics: The Human Language Faculty and Its Biological Basis*，直譯，一九六七）中研究失語症患者重新找回語言能力的過程，並根據調查結果建立這個假說，令他聲名大噪。

另外，美國神經學家艾麗莎・紐波特（Elissa Newport）博士和賈桂琳・強森（Jacqueline Johnson）博士研究赴美外國人的英語學習情況，發現三至七歲赴美的人，英語幾乎與當地人無異，過了十一、二歲才赴美的人則普遍成績低落，根據這個結果她們主張，關鍵期也有很高的可能性可以套用在學習第二語言上。

根據以上的假說，提供教育服務的公司為了讓父母打開荷包，威脅他們「如果不從小就讓孩子開始學習或訓練，一切都會太遲喔」，自然高聲疾呼「早期教育的重要性」。

話說回來，所謂的「關鍵期」來自於奧地利的動物行為學家康拉德・勞倫茲（Konrad Zacharias Lorenz）博士的研究。他發現小雞或小鴨會在一瞬間牢牢記住附近母鳥的長相，即「銘印」（imprinting）現象，從而生出「關鍵期」的概念。

後來美國的神經生理學家大衛・休伯（David Hubel）博士和瑞典的托斯坦・維瑟（Torsten Wiesel）博士揭示了眼睛的神經細胞也有關鍵期。列尼博格博士將其應用在人類說話的機制上，建立了「關鍵期假說」。

然而仔細想想，提供幼兒教育服務的公司提出的主張，在邏輯上其實過於牽強。因為這些科學家發表的都是基於生物學觀點的研究成果，如腦細胞或神經細胞的發育等，卻被延伸成「適用於全體人類學習的黃金法則」。

科學家進行科學研究時，建立假說是非常重要的一件事。可是單從幾個調查結果導出假說，就以此為基礎，斷定世上的一切都是如此運作，未免有點太過於武斷。這種邏輯上的急於概括被稱為「以偏概全」（hasty generalization）謬誤。

退一百步來說，假設「趁早學習在學習上真的具有良好的效果」好了，還是會有個根本上的問題，那就是：快速達到一定高度的學習水準，又有什麼好處呢？

我們的人生長達一百年，在其中某段時間裡把某件事做得很快、很好，又能代表什麼呢？

早點學會真的好處多多嗎？如果沒有太大的好處，有必要殺紅了眼地努力嗎？真的有必要把人生最初的二十年拿來接受填鴨式的教育嗎？不能有興趣的時候再開始學嗎？只要窮盡一生徹底學會世界的一切不就好了嗎？

與其填鴨式地塞進腦子裡，讓有趣的學習變成一件窮極無聊的事，還不如什麼都不做，直到真正產生好奇心為止。

如果要追求學習的樂趣與喜悅，我認為「晚點學習」或許比「提早教育」更重要。

如同「早慧的天才」這句話所示，
整個社會非常讚揚這種從小就光芒四射的天才。

不僅如此，
大人們還一直用「贏在起跑點」來洗腦孩子們。

然而，我明白這只不過是一種「以偏概全」。
我們應該更小心提防這種被傳得煞有其事的教育「神話」。

名為「基礎」的神話

與教育有關的「神話」不只早期教育。名為「基礎」的概念，也是許多人深信至關重要的神話之一。

當我們想學什麼的時候，請教周圍的人十之八九會得到「應該先從基礎開始」的建議。理由在於「反覆學習和訓練基礎，才能學會舉一反三」。

經常可以聽到「基礎很重要。不可以忽略基礎！」、「沒有打好基礎的話就無法更上一層樓喔」的話呢……。

然而，我對這種想法也非常存疑。為什麼一定要從基礎開始學？

首先，「基礎」到底是什麼？基礎的定義其實很模糊。我還以為基礎是指「相對單純的東西」、「學習其他事物時的前提」，但仔細想想，我其實不太明白基礎是什麼。

經常可以聽到足球的基礎是「頂球及傳球」、繪畫的基礎是「素描」、語言的基礎是「文法」等等的說法，真的是那樣嗎……？

其次，也經常聽到「請從基礎到應用依序學習」，但是我連「基礎」的定義都不清楚了，自然也不知道該以什麼順序來學習。提到「基礎」的教科書或解說影片等經常被貼上「基礎」與「應用」的標籤，但我實在搞不懂上述分類的原理。

話又說回來，認為「基礎很重要」的人是建立在「複雜的問題可以藉由融會貫通基礎知識來解決」的前提下。而上述的前提還有一個更大的前提，那就是「再怎麼複雜的東西也能分解成一個個要素，只要理解那些要素，就能理解任何問題」的想法，以上即為還原論（reductionism），而「基礎」的想法正是還原論的象徵。

然而「人類的智慧及技術是由基礎排列組合而成」的想法其實沒有任何依據。事實上，「人類的智慧是由基礎發展到應用」的想法是全然的謬誤。

從歷史就可以看出來，無論哪個領域，都不可能依序一路順利地直線發展。我認為「人類的智慧是由許多盤根錯節的問題及結論所構成，有如錯綜複雜的巨大網路」才是正確的說法。

每件事都有無限的解法，這也意味著「沒有基礎和應用之間的界線」。簡單一句話，要我們依序「從基礎到應用」學習的教育，原本就不合乎人類的智慧發展。

舉例來說，現行教育告訴我們加、減、乘、除的四則運算是「數學的基礎」，因此「在廣大的數學知識體系中，可以用四則運算來解決所有問題」。可是在上述的範圍內，先以四則運算為「基礎」教起，再從「應用」的角度教導學生如何利用四則運算來解決問題，只不過是一種約定俗成的規定。

換句話說，就像在大海中航行時，沒有什麼「這條航道是唯一的路線」，也沒有所謂的「只能用一種方法學習」。不管要學什麼、不管走哪條路都可以、每個人的路線都不一樣也沒關係。不僅如此，從「多樣性」的角度來

看，每個人的路線都不一樣反而是件好事也說不定。

有些老師會說出「還沒學方程式，不能用變數來解題」這種莫名其妙的話，真是太沒常識，我聽得都要昏倒了。

社會都主張創新，又說創新通常來自於「框架之外」的靈感。既然如此，為何社會還要刻意將每個人塞進「框架內」呢？之所以沒有人注意到這點，無非是受到「基礎很重要」這個「框架」的干擾。

「基礎」的想法會把學習塞進「框架」裡，讓學習變得很無聊喔！

事實上，大家口中的「基礎」多半是去掉所有多餘的東西，只教學生菁華的「基礎」，因此很容易變得非常無聊，有如枯燥的訓練。初學者原本就對接下來要學習的東西不是很感興趣，都已經提不起勁了，只因為基礎很重要，所以一再反覆練習無聊的基礎，結果讓這些人對學習產生排斥的心理，這也是問題所在。

計算練習或背誦英文單字、音樂的視唱練習真的好無聊啊……。十個人有九個都不喜歡吧。

只不過，我並沒有要全面否定「基礎練習」，更正確地說，我並不否定「為了讓自己充分掌握基礎所做的練習」。我認為積極度較高的中高級學習者為了更好地掌握技能，徹底鑽研「自己」認定的「基礎」，是非常有意義的事。

原來如此！「基礎練習」不是給初學者，而是給中高級者做的練習呀！

每個人一開始都是透過自由地玩耍來學習。等到想進一步了解時，才開始徹底鑽研「自己認為是基礎的事物」。我認為這樣自然多了，也更容易走進那個領域。

不是「從基礎到應用」，而是「從應用到基礎」才對吧？

就這點來說，「越早開始越好」的教育從各個角度看來，都有待重新思考吧？

不需要趁早學習，學習也不是只有一種順序，初學者才不會感到無聊。別聽那些對初學者說「基礎很重要！」並一廂情願地灌輸學生自以為是「基礎」的老師說的話。

「在自由玩耍的情況下，發現不知不覺中已經學會了」是最理想的狀態。如果是這種學習方法，學的本人也很開心，才能持續下去。學習最好的方法，就是持之以恆地長久學習。從這個觀點來看，我也覺得「在遊戲中學習」非常合理。因此老師最好也卸下「教育者」的立場，變成「一起玩的人」。

基礎變成了雖然不有趣，但還是要學習的東西，這就是為什麼我們在長大過程中漸漸失去了對學習的熱情。沒錯，我們心中對於「基礎」的常識妨礙了我們。

一旦意識到「基礎」這個常識毫無意義，就不要再受制於這個概念了。唯有這麼做，我們才能重新奪回「邊玩邊學」的教育。

「基礎」的想法只是把學習塞進「框架」裡，
讓學習變得無聊，最後讓我們討厭學習。

然而，我們卻因為「基礎很重要」
這句乍聽之下很有道理的話而停止思考。

不要被「基礎」綁住。
學習可以更自由自在，也應該更快樂才對。
我越來越這麼深信著。

失敗的權利

小時候，我很不擅長寫作文。尤其是讀書心得，真的討厭死了，所以我總是充滿疑問：「明明沒有東西想寫，為什麼非寫不可？」為了填滿稿紙，硬是逼自己擠出各種詞藻堆砌的形容詞來充字數，真的非常痛苦。

然而，這樣的我如今居然能像這樣寫出許多文章，那是因為我只在自己想寫的時候才寫。當想寫、想表達的想法在心中有如岩漿咕嘟咕嘟地蠢蠢欲動，我才能坦然地下筆如有神助。

仔細想想，世上充滿了明明不想做卻非做不可的事。尤其在學校裡，老師們無法等每個學生都想學習了才教學，所以學生無論如何都會覺得「老師逼我做我不想做的事」，一點也不奇怪。

聽到我的疑問，一定會有人這麼說：「如果因為不想做就不做，結果什麼也學不到喔。勉強自己也沒關係，有些事情做了之後就會愛上喔。」另外，我身邊也有很多人會這麼說：「我以前也很痛恨父母逼我學習，但事到如今再回頭看，不由得慶幸當時有乖乖聽話，對現在的我非常有幫助。」

實不相瞞，我直到不久前也這麼覺得，最近卻開始產生「真的嗎？」的疑問。

我總在想，明明不喜歡還強迫自己做，真的有好處嗎？

沒有人希望自己的過去白費或沒有意義，因為那樣等於是否定自己的人生，不會有人想否定自己的人生。「現在回想起來，當時乖乖照做真是太好了」其實是基於「想藉由肯定自己來讓自己的過去有意義」的心情。

當然，賦予自己不堪回首的過去全新意義、肯定自己絕對不是一件壞事，毋寧說，這就是生存的意義。

但我想說的是什麼都不想，只是一味地肯定自己並不會讓自己成長。因為如此輕易地接受，將來一定會重蹈覆轍。換個角度來想，這樣不是一直被迫做自己不想做的事嗎？

我不是要說「勉強自己做不想做的事是沒有意義的」，也不是要輕易地贊同「雖然不想做，但還好做了」的想法。

我認為先不置可否地保留評價與判斷，持續思考以下的問題很重要：

「我真的想做這件事嗎？還是不想做呢？」

「如果我覺得不想做，又是為什麼呢？」

「那麼，我到底想做什麼？」

「我為什麼想做那件事呢？」

因為這些疑問都是我們平常沒有意識到、不會去思考的問題。而且就算意識到，如果不說出來，就無法產生自覺。倘若毫無自覺，就絕對無法改變自己。

另一方面，世上充滿了許多「非做不可」的事。

「必須」上學、「必須」學習、「必須」遵守校規、學生「必須」有學生的樣子、女生「必須」有女生的樣子……全都是「非做不可」的事。可是真正「非做不可」的事究竟有多少呢？

事實上，大家都知道幾乎沒有什麼絕對「非做不可」的事。之所以還是想做那些

「必須」的事，無非是因為相信有人編織的「這樣比較好」鬼話。

不，說得更正確一點，是連思考那句話的真偽都覺得麻煩，只是流於「因為以前都是這樣做」的習慣或規定。

乖乖聽從「必須……」是停止思考的表徵，我們應該對此有深切的自覺才行。

另外，「非做不可」的同時，社會上也有許多「不能做」的事。如果有人想做明擺著會失敗的事，老師及父母、前輩、朋友都會大聲警告：「萬萬不可，你會失敗喔！」、「不行不行，這樣才對！」把自己的意見強加到那個人身上。

說實話，他們只是不忍心見那個人失敗，是為了那個人好才給出建議，沒有任何惡意，甚至可能覺得「我讓他免於失敗，他應該感謝我才對」。然而看在我眼中，只覺得他們多管閒事。不僅如此，說是「有害」也不為過。因為他們剝奪了那個人從失敗中學到教訓的「權利」。

如果被剝奪「失敗的權利」的人占整個社會的大多數，會變成什麼樣子呢？社會上將充斥著「絕對不允許失敗」的氛圍，大家受制於這樣的社會氛圍，誰也不敢多說什麼，但年輕人會變得不敢自由地挑戰，怕面對失敗，這等於是剝奪他們主動開創未來的機會。這麼一來，我們的社會只會一路衰退下去。

世人口中的「規定」，是強迫我們去做「非做不可」的事，剝奪每個人重要權利的制度。

話說回來，所謂的規定是前人吃盡苦頭的經驗累積，為了不讓後人重蹈覆轍，站在「預防勝於治療」的立場建立的教訓。聽起來是好事，但其實是阻止我們思考，不讓我們經歷成長過程中極為重要的「失敗」，且毫無理由地讓人感到恐懼，實在罪惡深重。

反過來說，也有一些尊重失敗權利的好例子，那就是禪修。禪修會讓所有人在修行過程中經歷失敗。例如，突然要沒煮過飯的人明天開始負責煮飯，命令他們用柴火煮五升（八公斤）的飯。問題是，我們在這之前根本沒有煮大鍋飯的經驗，所以起初一定會失敗，並受到叱責。

不只煮飯，也可能是其他活動，在幾乎沒有進行教學和指導的情況下，突然要你負責某事，這樣一定會失敗。從「讓所有人失敗，從錯誤中學習」這個角度來看，禪僧松山大耕對於修行的看法如下：

如果有人告訴你（正確解答），就會盲目地照著做，無法從錯誤中學到東西。反過來說，透過反覆失敗、從錯誤中學習，再怎麼沒經驗的人也能成功。

讓所有人失敗，就等於讓所有人成功。這就是禪之所以能存在千年的原因。

因此，我們要用什麼取代規定呢？我們需要的不是一套規則，而是打造出一個可以「從錯誤中學習、從失敗中學習」的環境。這在千年以來，已經被證明是可行的。今後，我也會繼續留意關注這一類的設計。

我們不想失敗，總是在追求正確解答。
因為我們學習是為了追求「正確解答」。
我們相信凡事都有正確解答，而答對的人就是優秀的人。
但這個複雜的世界，其實沒有所謂的「正解」。

重點在於擺脫「失敗是應該避開的可怕陷阱」的迷思，
而是視失敗為「為了成功必經的重要過程」。
如果能更進一步，抵達「享受失敗、珍惜失敗」的境界，
你的人生就會變得更豐富。

或許無法馬上達到這個境界，
但好好思考「失敗是什麼？」，還是很有價值。

總結

看過各式各樣的「冒險之書」，我比一開始更能獨立思考了。因此我決定重新思考最初的問題。

Q 為什麼學校教育這麼無聊？

首先，我明白近代的學校教育起源自十七世紀的康米紐斯老師。他在三十年戰爭中失去家人，主張「為了消除世界上的紛爭，必須正確地教育青少年，除此之外別無他法」。這句話其實是基於霍布斯先生「如果放任生而利己的人類不管，人就會為了自己的利益繼續爭權奪利」的世界觀。

這個強迫觀念一直持續到現在，於是為了消除父母的恐懼及不安，教育服務誕生，幾乎所有家長都淪為教育服務的消費者，只想著「要讓孩子念哪所學校？上哪間補習班？」，卻從未思考受教育的原因。

還有，我也明白了在學校學習感覺如此被動的原因，那就是近代管理制度的思考模式。傅柯先生從最具有約束力，管理效率也最好的監獄「圓形監獄」創造了現代學校制度的起源，提出「學校的功能是讓大家主動服從」的看法。另外，蘭開斯特先生和威爾德斯平先生發明的班級及學年等制度，則是把當時最新的思想，亦即工廠的作業系統應用在教育上。學校被設計成這樣後，上課自然不有趣了。

基於「為了讓孩子們擺脫貧窮，應該盡量讓更多孩子受教育」的理念，學校制度越來越發達的結果，終於完全迷失「為什麼學習？」的初心。「總之先及格再說，讀書是為了考上好大學」這種「手段的目的化」喧賓奪主，學校反而剝奪了學生自由學習的可能性。這是上學變得無聊最大的原因。

再者，拜「越早學會的人越厲害」的風氣所賜，高效把知識塞進腦子裡的教育法及制度橫行，名為「基礎」的概念也隨之流行，導致我們深信基礎非常重要，並把所有人的學習塞進同一套框架裡，讓學習變得無聊至極。

學習應該更自由、更快樂才對。

因此我認為重點在於懷抱「每個人都有失敗的權利」的想法，不要再一味地製造規定，而是打造出可以「從失敗中學習」的環境。

第 2 章

解開祕密

UNLOCK

為什麼一定要上學？

話說回來，我們為什麼要上學？

為什麼會從這個問題開始，
是因為學校扮演著決定性且深刻的角色。

在探索的途中，有一個人告訴我學校的祕密。
以下記錄了我對這個祕密研究和思考的過程。

逃離學校

在我國，學校裡的「霸凌」及「拒絕上學」情況越來越嚴重。儘管全國學生人數逐年遞減，「霸凌」及「拒絕上學」的人數卻每年都在不斷地刷新紀錄。另外據統計，從國小四年級到國中三年級，這六年來至少遭遇過一次霸凌的兒童人數高達九成。

「九成」幾乎是全部了嘛……。也太可怕了……。

求學期間，幾乎所有人都有被霸凌的經驗。假如自己也是其中之一……我想像這個可能性。被欺負的對象一個換過一個，遲早有一天會輪到自己。「下一個就是我了嗎？」因此害怕得不敢去上學……。放眼整個社會，還有比學校更可怕的地方嗎？

據研究人員所說，由於「看到同學被欺負，覺得非常難受」、「沒辦法幫助朋友，感到非常自責」等原因不想上學的人也不少。

明明不想去，又被逼著去；明明跟學校裡的人處不好，卻無法逃離那個環境，無疑會造成很大的心理壓力。

就算孩子表現出強烈的抗拒「我不想去學校！」老師或父母也只會說「我懂你的心情，但不去上學的話，將來吃苦的可是你自己喔！」在老師或父母的勸誡、哄騙，甚至是逼迫下，想逃也無法逃離那個環境，壓力只會越來越大。

話說回來，人為什麼要欺負別人……？

因為自卑所以欺負別人。為了發洩壓力而欺負別人。為了保持內心的平衡不至於崩潰而去欺負別人。因為害怕自己被欺負所以先欺負別人。因為自己受到欺負，為了報復而去欺負別人……理由千奇百怪，不一而足。

我認為學校之所以成為霸凌的溫床，最主要的原因是明明與同學在生活及人生中沒有任何深入的交集，學校卻要求大家長時間待在同一個場所。

儘管學校的重點在於讓每個學生都能主動提高自己的學力，為將來做好準備，但是又無力一對一單獨指導每個孩子，只能把孩子們聚在一起，讓他們集體學習，再要求孩子們「大家要和樂融融地相處喔」。問題是在學校幾乎沒有與同學苦樂與共的體驗，交到可以一輩子相互扶持的朋友也不是上學的目標。

也就是說，在學校裡基本上無法指望「與真正的伙伴一起學習」。當我們被困在關係這麼表面又封閉的環境，一旦發生什麼不好的事，就會開始尋找犯人，把同班同學簡單二分，只剩下「加害者」與「被害者」，我想這也是沒辦法的事。透過把某人作為代罪羔羊（犧牲品），藉由取笑他、調侃他與大家一起形成「共犯結構」，從中產生強烈的連結，這就是所謂「集體霸凌結構」。

另一方面，也有人認為「動不動就生氣的孩子變多了」、「缺乏耐性的孩子增加了」是拒絕上學的理由。

我確實也在媒體上看到過「現在的小孩動不動就情緒失控」的論調，但真的是這樣嗎……？這麼說有任何根據嗎？

為了尋找答案，我查了很多資料，但遲遲找不到正確答案，總覺得如鯁在喉時，看到日本發展心理學家濱田壽美男老師說的話，不由得恍然大悟。

五十年前的孩子和現在的孩子比起來，身處的社會狀況截然不同。孩子們發揮自己的力量幫助大人的機會越來越少，甚至說不斷被剝奪也不為過。每次發生嚴重的犯罪事件時，社會上充斥了孩子們已經產生質變的聲音，但孩子們不可能在短短五十年就完成生物上的演化。改變的不是孩子們，而是孩子們所處的社會環境，我認為這也跟孩子們活得越來越艱難有關。

——濱田壽美男

當我抱著這樣的想法瀏覽新聞網站，一則報導映入眼簾。報導指出某個拒絕上學的小學生，透過網路影片發表「在網路上什麼都能學到，根本不需要特地去學校上課，所以我也不上國中」的意見後，留言如雪片般飛來，「別小看學校教育！」、「只在家學習的話無法融入社會，這樣也沒關係嗎？」鬧得滿城風雨。我實際看了留言區，批判的留言數量相當驚人。

網路上有很多免費的優秀教材，如果只想獲得知識，確實不去上學也沒關係。當然，我認為學校還有其他功能……。

看到這裡，我感到很不舒服。上千人沒頭沒腦地全面否定一個小學生的光景也讓人覺得很詭異，更讓我難以理解的是，為什麼他的意見非得受到這麼猛烈的抨擊不可。

◆

正當我無法釋懷，把腳跨在桌子上發呆的時候，事情發生了。有個熟悉的聲音以慢吞吞的口吻迴盪在房間裡。伊萬・伊里奇先生就站在我身邊。

「學校將學習重新定義為『教育』，藉此將『未受過教育』的標籤貼在不在學校學習的人身上。」

原來如此！我不舒服的原因就在於批評小學生的意見裡，有一條留言是「唯有在學校學習才是正統的教育，除此之外都不算學習」，毫不遮掩地表現出伊里奇先生說的「學校的排他性」。

意識到這一點的我，為了了解原本淺嘗則止的伊里奇先生的想法，拿起了他的《去學校化社會》（*Deschooling Society*，直譯，一九七〇）。感覺彷彿穿過一層光後，回過神來，我正坐在教室裡，與其他學生一起看著站在講臺上的他。

「學習本來應該是自由自在、隨心所欲的行為，但學校卻將其改變為被動地『接受教育』的活動。人們也因此陷入『為了好好學習，因此需要正統的教育制度與專家』的迷思。」

白襯衫上繫著寬版的黑色領帶，突顯出他瘦削的身材，但與其身材形成對比，他說的話鏗鏘有力且清楚明瞭。

「這跟『為了維持健康，必須興建大型醫院』是同樣的道理，而學校基本就是建立在這樣的想法上。因此在各種『虛假的公共服務』中，學校大概可以說是最陰險的一個。」

伊里奇先生對學校的批評還真是一針見血啊……。不過確實如他所說，教學者越努力教學，學習者反而越來越被動，導致必須由教育專家當老師的想法益加根深蒂固。這或許就是學校的問題。課還沒上完，但我決定暫時離開教室。

人不是「只在」學校裡才能學習。儘管如此，許多人卻對「學習只在學校裡才能生效」深信不疑，這點令我感到毛骨悚然。大概是因為堅持學校教育很重要的人，出了學校就不會自己學習。

◆

各位閱讀這本書的同時，還有很多小孩正在受苦受難，飽受「霸凌」的折磨，責怪因此「拒絕上學」的自己，鑽牛角尖地認為「我這種人根本沒有活著的價值」的案例屢見不鮮。

在我看來，把孩子們逼到絕境最大的原因，無疑是「拒絕上學」這句話太沉重了。「拒絕上學的小孩」意味著「不去學校上課的小孩」，這句話的背後其實隱藏著「去學校上課是孩子應盡的義務」這個大前提。所以社會大眾為不去學校上課的小孩貼上「拒學」的標籤，並視他們為不良少年少女或不合群的人。

只要「拒絕上學」這句話還存在一天，就無法從根本上解決這個問題。為了不讓孩子們受苦，這些停止思考，只想著「一定要讓孩子去上學」而拚命送孩子去學校的父母，以及允許家長繼續逼迫小孩的我們必須採取實際行動，消除「拒絕上學」這個標籤

才行。

因此，倘若眼前有個「拒絕上學的小孩」，我想讚美他的勇氣與行動力。

「喔！你是自己決定不去上學啊！真有勇氣！這是很了不起的舉動喔。」然後邀請他：「一起來玩吧！」我們一邊玩，一邊將我的熱情慢慢傳達給他。

提醒他們學習新事物其實是一件非常快樂、令人開心不已的事。

人們認為在學校學習才是對的，
除此以外都無法學到東西，
一心認為必須去學校學習。

伊里奇先生指出，學習本來應該是個人自由的活動，
學校卻把學習變成「受教育」，變成被動的活動。

話說回來，學校的學習為何變得如此無聊呢？
是誰把學習變得如此無聊？

我隱約察覺到問題所在，但原因真的出在那裡嗎？
就算這麼問我，我也答不上來。
於是我為了追求真相，踏上新的旅途。

一分為三的悲劇

我們都喜歡玩，很多人都有過「在玩的過程中學到很多東西」的體驗吧？舉個例子，我六歲時很了解昆蟲的種類及生態，還有個「昆蟲博士」的稱號。我因為很喜歡昆蟲，所以才認真研究，在我意識到之前，我已經知道很多事情了，令周圍的人大開眼界。現在再回頭看，我明明只是在玩，結果卻學到很多東西。

換句話說，「玩樂」與「學習」明明是無縫銜接的一體兩面，到了近代，「玩樂」與「學習」卻被一刀切開，落在遙遙相對的光譜兩端。我不禁覺得這就是讓「學習」變得如此貧乏的罪魁禍首，同樣地，這也縮減了「玩樂」原本無限的可能性。

「工作」也是相同的道理。本來玩樂、學習和工作都是同一件事，被一個個區分開後，一切都變得無聊極了。

分開來思考的習慣是怎麼養成的呢？

意識到這一點，我開始尋找原因。結果被我發現了日本的認知科學家兼教育學家佐伯胖老師的書。他在《「理解方法」的探索》（直譯，二〇〇四）中，指出「讓學習變得無聊的背景，是因為以下不讓人玩樂的三重構造」：

第一重是社會對「玩樂」與「工作」的區分。隨著社會越來越工業化，我們認為受雇成為勞動者、忙碌做事，並向老闆或客戶方收取費用的才叫「工作」，結果導致每個人滿腦子認真生活，變得不敢玩了。

第二重是學校對「玩樂」與「學習」的區分。學校大約從一百年前開始發展成「專業教育設施」，目的是讓小朋友「學習」。然而，若只是認真學習會讓人感到疲憊，於是在空檔加入了「休息時間」，規定「只能在休息時間玩樂」，進而把「玩樂」和「學習」區別開來。

「只能在休息時間玩樂」——這個規定是一切的開端。從此以後，學習的時候就不能玩樂，玩樂時則意味著擺脫學習的束縛，此舉將玩樂與學習一刀兩斷。

——佐伯胖

每個人應該都有過在學校上繪畫課或音樂課、體育課時專注得幾乎忘了時間，「啊，好開心呀！真想一直做下去！」正感到幸福時，下課鐘就響了，不得不悻悻然結束的經驗。

基本上，在這種我們十分專注的時刻，完成的作品品質極高，有時連自己也難以置信。美國心理學家米哈里・契克森米哈伊（Mihaly Csikszentmihalyi）博士發現人類具有這種特殊心理狀態，在其著作《心流》（*Flow*，一九九〇）中命名為「心流」（flow）。

我也有過無數次在完全進入心流的時候被打斷，「討厭！我還想繼續！……」的經驗。這時，我完全能體會孩子的心情，「唉，在美勞課上畫畫是『上課』，都不能隨心所欲地畫……」。

第三重是「主動玩樂」與「被動玩樂」的區分。當「玩樂」變成「工作」與「學習」的反義詞，大人若疲於工作、小孩若疲於學習，為了逃離工作和學習，就會開始玩樂。這麼一來，為了因應消除疲勞的需求，玩具及遊戲、電影、音樂、漫畫、卡通、遊樂園等「娛樂產業」便應運而生。

結果，小孩和大人都期待「能玩得開心」而為此付出金錢，一旦期待落空，就會感覺自己被騙了。玩樂逐漸變成一種消費行為，每個人都在掂量付出去的錢有沒有價值。

佐伯老師說：「明明玩樂的本質，是能夠創造、發現，並學到新事物，卻淪為不值一提的『娛樂消費』。」

仔細觀察小小孩，不難發現他們的世界沒有玩樂與學習的區別。他們都是在玩樂中學習、從玩心中產生學習的欲望。但是隨著年紀不斷增長、去學校上課後，學習與玩樂的區隔越來越大，玩樂及創造的自由越來越少。玩樂成了「打發時間」的行為，完全提不起「從玩樂中學習新事物」的幹勁。再長大一點，「學習」變成努力提高知識及技能的「職業訓練」，從此再也不能玩了。

另一方面，有人即使長大成人，依舊將「玩樂」、「學習」和「工作」視為一體，盡情地樂在其中。像是熱衷研究的科學家、專心投入於繪畫的畫家、隨心所欲表演的音樂家或舞蹈家、研發新菜色的廚師、講到有趣的段子就滔滔不絕、口沫橫飛的喜劇藝人等等。

從結果來說，他們或許會以此為業、從中獲利，但本人的目的並不是賺錢，只是覺得探索、創造出新的東西很有趣才想去做而已。他們的腦中充滿了好奇心，「這是什麼意思？」、「要怎麼才能做得更好？」使得他們的知識與技能提升到令人大開眼界的高度，但這並非他們的目的，只是因為好玩而持續做這件事的「附加價值」。

了解到這個事實後，我想到一件事。

為什麼絕大部分的孩子都無法像他們那樣，長大後還能持續熱衷於某件事呢？為什麼非得以無聊的做法來提升「學力」不可？這也太奇怪了吧。

「玩樂」、「學習」與「工作」之所以變得無聊，是因為它們被一個一個獨立看待了。問題是為什麼會產生這種區分呢？裡頭應該有更深層的背景或理由。

還以為解開一個謎了，又從中產生新的疑問，看來人生就是充滿了謎團。

「不可能用一套拳打遍天下無敵手。」直覺告訴我，光是一趟短暫的旅行可能無法解開這個謎，不由得心驚膽戰。問題是既然都上路了，跪著也要走完，於是我決定繼續探索藏在這個謎團背後真正的原因。

「玩樂」從「學習」中消失了，
變成無聊的「讀書」。
「工作」也被迫與「玩樂」分離，
變成無聊的「上班」。
佐伯老師指出這個事實，令我恍然大悟。

而且因為「區分」而變得無聊的事，還不只這樣而已。
我遇見一個人，他直指還有很多東西被區分，
使得人類的生活變得更無趣。

被揭穿的祕密

「玩樂」消失了，只剩下「學習」和「工作」，人生變得好無趣。

這件事成了我思考未來人類如何生活的重要提示。每個人應該都有過專心做某件事，專注到忘記時間，反而感覺自己真實活著的經驗。而這些經驗裡一定少不了「玩樂」的要素。「玩樂」同時也是為了學習新事物，有所創造、發現，是非常重要的活動。

儘管如此，社會上卻充斥著「別玩了，這可是工作！」的觀念，隱含著「給我認真點！別做與工作無關的事！做事情要更有效率一點！」的意思。就算不這麼說，主管或前輩也會說「公司可不是讓你來玩的地方」。然而，如果要求所有人「完全排除玩樂」的工作，不只會變得非常無聊，也扼殺了任何創造的可能性。

與其拼命強調認真工作，還不如說：「這是為了好玩！」這麼一來，可能會比工作時更認真吧？

與此同時，將「兒童」與「大人」獨立看待，其實也會構成一大問題。如果「把兒童視為兒童」，孩子們能做的事就會比以前有限。孩子們不曉得以前的情況，所以察覺不出異常，但他們若因此無法充分發揮自己的潛力，將是非常令人遺憾的事。

◆

我之所以會意識到這一點，是因為接觸到法國的歷史學家菲立普・埃里耶斯（Philippe Ariès）的著作《兒童的誕生》（*L'Enfant et la Vie familiale sous l'Ancien Regime*，直譯，一九六〇），看到令我飽受衝擊的事實。

我廢寢忘食地閱讀這本書，突然又被那道白色閃光包圍。各式各樣的光景有如走馬燈似地在我眼前快速穿梭。巴黎聖母院及凱旋門等歷史性的建築物與白色大理石外牆的公寓、玻璃帷幕的現代化大廈……瞬息萬變的光景令我眼花撩亂。

回過神來，我人已經在大大小小、形形色色的書堆得高低錯落的書房裡了。書桌前有個正翹著腳、陷入沉思的男人。不時慢條斯理地拿起古老的書籍，他戴著大大的銀框眼鏡，凝視書中的圖片，彷彿正與書本格鬥的身影看起來上知天文、下知地理。

冷不防，他察覺到我的存在，扶正眼鏡，目不轉睛地盯著我看。這個人一定就是埃里耶斯先生。

「找我有什麼事？有問題就說。」

我想知道區分兒童與大人那條線是怎麼出現的。不知他從何得知我的想法，我都還沒開口，他就開始娓娓道來。

「我們把人分成兒童和大人，認為兒童去學校接受教育乃天經地義的事情。但這並不是真理喔。」

他說到這裡，指著對面的景色說：「這裡是中世紀的歐洲。這個時代還沒有『教育』或『童年』這些字眼。兒童七、八歲就要出去工作或實習，跟大人沒有區別，也能

菲立普・埃里耶斯

Philippe Ariès

（1914–1984）

自由地喝酒或談戀愛。」

七、八歲就喝酒、談戀愛？我聽得目瞪口呆。

「因為兒童到了那個年紀已經能講話溝通了。當時醫療還沒有現在這麼進步，死亡率居高不下，聽說平均每三個嬰兒就會有一個死掉。所以七歲以下的兒童還不算是人類，地位就跟動物沒兩樣。換句話說，兒童要長到七、八歲才會被當成人類。」

人類與動物之間有很明顯的區別，可是一旦被視為人類，大人與兒童就沒有區別了嗎……？

埃里耶斯先生直勾勾地看著

我的雙眼說：「到了七、八歲大，兒童理所當然地進入職場，邊工作邊習慣工作。兒童以『小大人』的身分與大人置身於相同的空間，是再自然不過的一件事。你看那邊。」

我望向他指的前方，只見大人與小孩子正一起玩耍。

「在這個時代，兒童和大人是在同一空間裡做同一件事的同伴，根本沒有人會將兩者分開來思考。」

是這樣啊……。我還沒來得及從衝擊裡反應過來，腦海中浮現各式各樣的畫面。首先浮現腦海的是穿著短袖、短褲的小孩子們學習的模樣。

「但是到了十七世紀，兒童開始被當成『不知人間疾苦的天真存在』，必須受到保護，因此誕生了學校教育制度，出現『宿舍』及『童裝』。從此以後，兒童變成與大人截然不同的存在，被隔絕於社會之外。」

他說到這裡，眼前又出現別的光景。

「進入十八世紀之後，兒童不只和大人有所差別，還認為『小孩子是特殊的存在』，必須給予他們特殊待遇。」

埃里耶斯先生邊翻開手中的書，邊解說給我聽：「這種思考模式讓人們對兒童產生新的看法。人們開始覺得小孩子雖然還不成熟，卻是充滿無限可能性、惹人憐愛的存在，因此必須設法將他們培養成傑出的大人，亦即需要『教育』。」

原來如此，原來是這樣啊……。我總算明白了。這麼一來，被疼愛、被保護且必須受教育的「兒童」概念就誕生了。

「沒錯。我徹底地研究過人們對兒童的看法從中世紀到十九世紀的變遷。結論是兒童這個概念直到近代以前還不存在。也就是說，兒童是『被發明』出來的。」

我受到了彷彿被雷打中般的衝擊。「兒童」的概念是被發明出來的，在那之前並不存在？

「『兒童』的發明意味著在大人與小孩子之間畫了一條界線。同樣的界線也存在於『工作』與『玩樂』、『公』與『私』之間。正是這種區別，讓人類的生活變得貧乏。」

埃里耶斯先生言盡於此，消失在閃光裡。回過神來，我又坐在自己的書桌前了。

♦

埃里耶斯先生說的每句話都顛覆了我至今的常識，而且一針見血，令我一時半刻為之愕然。

在這之前，我一直以為「差異化」是件好事。因為我相信善用個體差異，就能夠因材施教。直到埃里耶斯先生明確地指出「當每件事都被區分得涇渭分明，每件事反而都變得貧乏、毫無想像力了」，把我堵得說不出話來。

我默默地閉上雙眼，發自內心深深地嘆息。

順帶一提，古代日本人對兒童的看法似乎也跟現代大相逕庭。根據日本近代史學家柴田純的《日本幼兒史》（直譯，二〇一三）指出，直到江戶時代中期為止，日本人沒有保護小孩子、教育兒童等觀念。就算看到小孩子被遺棄在路邊，哀哀哭泣，也沒有人會特別在意。因為人們的漠不關心，導致很多兒童死亡。

然而進入近代，人們開始關心兒童的教育及福祉，社會觀感發生巨大變化，還出現了「七歲以前是神的孩子」這種說法（指小孩子七歲前都是受神庇護的「神之子」，地位十分神聖，應該被好好對待）。從這句話也可以看出，日本人對兒童特殊的關愛其實是最近才形成的。

不管怎樣，因為對待兒童與大人有所區別，玩樂、學習、工作也被個別獨立看待，並透過法律和其他制度固定下來，使得我們的社會變成缺乏想像力和創意的貧乏社會。希望大家都能知道這個事實。

「兒童」以前只不過是「小大人」，
後來與「大人」有所區分，被當成特殊的存在，
這個轉變讓人們的生活與社會都變得十分貧乏。

埃里耶斯先生告訴我這個真相，
當時的衝擊至今仍縈繞在我的腦子裡。

為什麼現在小孩會「被視為兒童」呢？
話說回來，「被視為兒童」又是怎麼一回事呢？
我為此感到好奇，決定更深入地探索。

「兒童」的概念是被發明出來的，並且獨立於「大人」的概念之外。

我充分理解了這個令人衝擊不已的事實，卻也冒出沒完沒了的疑問。

人是一塊白板

話說回來，當時的人為什麼要區分兒童和大人呢？

不過，小孩子和大人被區隔開來的理由，我好像隱約有點概念了。當時的兒童被當成「小大人」，與大人一起在職場上工作，但身體比大人小，又很容易受傷或生病，動不動就死掉，所以開始產生「兒童必須受到更適當的對待」的想法。我認為這是極其自然的結果。

然而，不只是把兒童和大人區隔開來，還從兒童身上找出了「特殊性」，認為應該讓小孩子接受教育，這種「特殊待遇」真的有其必要嗎？我對此充滿疑問。

多方探索後，我發現其根源是被譽為「近代教育之父」的英國哲學家約翰・洛克（John Locke）的思想。他是哲學家，同時也是醫生，有著相當特殊的經歷。據說他是個「瘦瘦小小，一天到晚都在生病，不怎麼起眼的人物」，但他的思想非常偉大，尤其是他的教育理論，大大地改變了人們的認知與世界的運作方式。

我對他的思想充滿興趣，為了具體了解他的想法，我看遍他的書籍、各種關於他思想的評論等等。

◆

當我在看《教育漫話》（*Some Thoughts Concerning Education*，一九六三）時，不可思議的事發生了。不知從哪裡傳來略帶神經質，但十分堅毅的聲音。

「說到底，教育和學習本來就不一樣。」

我被那個聲音嚇一跳的瞬間，那道熟悉的雪白光芒再度照亮了四周。回過神來，有個留著齊肩白髮的矮小男人站在我背後，與我想像中的樣子略有不同，但肯定就是洛克先生沒錯。在他身後可以看見正在興建的聖保羅大教堂。

言歸正傳，教育與學習不同是什麼意思？滿腹疑問的我還來不及說什麼，他就先自顧自地娓娓道來：

「孩子們在學習前，應該先學會什麼呢？當然是習慣。藉由激發他們的興趣及好奇心，培養他們好學的態度及良好的習慣，這點非常重要。相較之下，在孩子們的腦袋裡塞滿他們根本不願意再想起來的垃圾，又有什麼意義呢？」

養成學習的習慣即是「教育」……。

「這才是真正的教育。現在的教育除了父母溺愛子女以外，根本沒養成什麼好習慣。說到學校的學習，只剩下不知所云的填鴨式教育，只是教師單方面強迫孩子學習。」

怎麼這樣……。那不是跟現在一模一樣嗎？

洛克先生凝視著大吃一驚的我，慢條斯理、苦口婆心地接著說：「只要能養成主動學習的習慣，自然能源源不絕地獲得知識。換言之，只要教育得好，孩子們就會主動學習。如果是教師單向式的教學，對於提升學習效果也沒有太大的助益，所以我不樂見太早灌輸孩子們許多知識。」

約翰·洛克
John Locke
（1632–1704）

經常有人說「習慣塑造一個人」，原來洛克先生才是說出這句話的始祖啊……。

這時，有輛精雕細琢的馬車從我們身旁經過，穿著體面的年輕人英姿颯爽地在我們面前匆匆來去，喧囂的街道傳來熱鬧的聲音。

「那是紳士（gentleman）們，現在他們才是時代的主角。接下來追求的新教育是培養出在社會上發光發熱的人，如他們一樣。過去那種只有王公貴族的孩子才能接受的教育，已經沒有任何作用了。」

原來如此，所以他的主張「教育應該升級」才會受到那麼多人的支持啊……。我後來才知道洛克先生因為這些主張被譽為「塑造近代教育的原型」，是非常偉大的教育開創者。

與此同時，他緩緩地翻開一本書。書名叫作《人類理解論》（*An Essay Concerning Human Understanding*，一六八九），問我：「你聽過白板（tabula rasa）嗎？」

白板？那是什麼？可以吃嗎？

「在拉丁文中，意思是『什麼都沒刻的石板』，指每個人剛生下來的時候都是一張白紙，然後才寫下各式各樣的經驗。換句話說，人類是一塊白板。」

人類出生的時候有如一張白紙？

「假設心靈是一片空白的白板，沒有任何觀念與成見。那麼觀念是怎麼出現在心靈中呢？對於這個問題，我只有一個答案，那就是『來自於經驗』。我們的知識全都奠基於經驗之上。」

原來如此……。他居然能想到這一點！

我不禁發出感嘆，然後發現自己又回到平日的書桌前。我輕輕地闔上書本，渾然忘我地任各種想法在腦中恣意馳騁。

◆

假如人心是一塊白板，應該能寫上各種答案，可以畫上美好的圖案，也能畫出不那麼美好的塗鴉。受到洛克先生上述想法的影響，人們因此也很自然地認為「人心是一張雪白的畫布，應該畫上各種美好的東西」。

實際上，現在還有很多父母都是這樣想的，光看我周遭的父母們就能清楚地感受到這點。還沒生小孩以前，揚言「想讓孩子無拘無束地長大」的女性們，一旦成為母親，有不少人會突然變成重視教育的虎媽，我想是多半因為「讓孩子的雪白畫布上塗滿美麗的風景是做父母的責任」的心理作祟。

基於以上的責任感，很容易產生「想幫助孩子累積更多經驗，在畫布上塗滿各種美麗的顏色」的心情，結果就是為孩子安排各種補習班及才藝課，把孩子逼得喘不過氣來的父母也在所多有。這些父母企圖在孩子腦中塞滿他們長大以後根本用不到的知識，其實跟洛克先生的想法恰恰相反。

「白板」的概念正是我們之所以對兒童特殊待遇的原因。當白板的概念被無限上綱到失控的地步，肯定會讓父母和子女都陷入水深火熱之中。

即使沒聽過「白板」這個詞，
也已經深深地烙印在我們的常識之中，
至今仍帶來巨大的影響。

洛克先生提出這個概念，卻也衍生出新的問題：
「我們應該怎麼度過童年時期？」

著眼於這點上，我遇見了一位關鍵性人物，
就是他讓人們聚焦於兒童的特殊性上。

那個人被譽為「兒童的發現者」。

兒童就是兒童？

一七六二年，盧梭（Jean-Jacques Rousseau）發表了《社會契約論》（*Du contrat social ou Principes du droit politique*），探討了民主主義應有的面貌，被譽為「民主主義之父」。

他是哲學家也是小說家，是思想家也是音樂家，世人津津樂道的暢銷作家，也是飽受抨擊的危險思想家。他甚至對科學及植物學也有涉獵，通才的程度實在很難想像一個人可以這麼多才多藝。

但他的孩提時代其實過得相當悲慘。他出生於日內瓦，是一名鐘錶工匠的兒子，不僅生來體弱多病，出生後第九天，母親就去世了。十歲的時候，父親失蹤，出門上班的哥哥也不知去向。牧師收留變成孤兒的他，但他完全無法適應被牧師收養的生活，經常被牧師的妹妹打罵，也飽受其他大人的虐待。

結果導致他誤入歧途，一天到晚幹壞事，不是撒謊就是偷東西，但即便如此，他也沒有放棄閱讀，這是他從父親身上學到的習慣。然後在十五歲的時候開始浪跡天涯，受南法某男爵夫人的庇護，終於找到棲身之所。

為了報答拯救自己的男爵夫人，他決定在巴黎揚名立萬。起初想當音樂家，可惜評價不如預期，依舊過著一貧如洗的生活。幸好自從參加論文徵文獲選後，世人對他大為改觀，被譽為「思想的巨人」。

他把自己對教育的想法整理成《愛彌兒》（*Emile*，一七六二），這是一本教育小說，描寫一位家庭教師指導名叫「愛彌兒」的少年從出生到結婚的過程。他試圖利用這本書闡述自己的想法，將理想的人類形象寄託在愛彌兒身上。

他對教育的想法其最大特徵在於提出「什麼是適用於所有人的教育？」的叩問。當時的「教育」是只有王公貴族才能享受的特權，一般的庶民沒有權利受教育。以此為前提，盧梭在探索全民所需的教育，而非專屬於特定身分或職業這點上，可以說是劃時代的想法。

他認為不被財富及名聲、權力等評價影響，一視同仁地培養出擁有健康心態的人類，且能順利融入這個社會，才是真正的教育。

在國王及貴族掌握了絕對權力的時代，這真的是好先進的想法啊。不愧是被譽為「現代民主政體之父」的人。

我感動萬分地閱讀《愛彌兒》時，那道刺眼的強光又包圍了我。

◆

意識逐漸遠去，開始有點睏意。再次睜開雙眼時，我正坐在一個昏暗房間窗邊的搖椅上。

四下張望，房間雖小，卻有一扇偌大的格子窗，看起來很有品味。眼前有個同樣坐在搖椅上的男人，眼神充滿了少年般的好奇心。當時的社會風氣認為笑是一種低俗的行為，但他嘴角卻掛著當時極為罕見的笑容，溫柔的微笑令人印象深刻。

是我在網路上看過的長相，無疑是盧梭本人沒錯。外面傳來卡嚓卡嚓的聲響，我往窗外看去，底下是嘈雜擾攘的街道。相較於很有情調的石造街景，濃煙從無數的煙囪竄出，一眼就能看出這條巷弄充滿惡臭。熙來攘往的馬車輪子在地上滾動的聲響夾雜著馬

讓－雅克．盧梭
Jean-Jacques Rousseau
（1712–1778）

啼聲，還有被人群喧囂幾乎蓋過的乞丐叫聲。

我像個好奇寶寶似地看著眼前的光景，盧梭先生對我說：「人類的文明在十八世紀發展至前所未有的高峰，卻反而讓人性更加扭曲、墮落。」

盧梭先生站在我旁邊，嘆了口氣，低頭看著窗外說道。

「人類原本是充滿純粹精神的生物。可是在耕種土地、飼養家畜、建立文明的過程中，國家開始承認個人可以擁有土地及金錢等財產，不平等就這麼誕生了。結果就是你現在看到的光景。」

他接著說，「當社會變得越來越不平等，強者與弱者的對立越來越嚴重，人類開始喪失與生俱來的良善，在意起周圍的眼光，淪為『社會的奴隸』。目前我們所謂的『教育』，只會創造出表面上看起來非常為他人著想，其實只考慮到自己的人類。」

這點到了我們生活的二十一世紀也沒有絲毫改變，他的發言讓我不得不這麼想。

「總之世界變得越來越奇怪。當孩子們毫無防備地進入這樣的社會，一定會變成扭曲的人類。因此我認為必須讓孩子暫時與社會隔離，加以保護，直到一定的歲數。我們不是要培養出符合社會規範的人類，而是要盡量保護孩子不受社會壓力的迫害。」

他說到這裡，面朝向我，用比剛才更宏亮、冷靜的音調說：「兒童不是大人。兒童就是兒童喔。你明白了嗎？」

伊里奇先生說過「兒童與大人的區別」，難不成盧梭先生才是最早提出這種概念的人？而且他還說出「不是培養出符合社會規範的人類，而是要盡量保護孩子不受社會壓力的迫害」這樣的話。

我無法掩飾自己的驚訝。因為我一直以為教育的目的就是要培養能完美適應社會的人類。

他繼續對我循循善誘：「嬰兒不是會隨著成長過程，自然地開始活動手腳、學會說話嗎？這才是人類『自然』該有的模樣喔。重視人類與生俱來的『自然本性』，引導人類活出自己原本的模樣，這才是我理想中的『教育』。」

什麼是「引導人類活出自己原本模樣」的教育呢？

我正想提出這個問題時，他就像已經知道我的疑惑，不等我發問就回答：「打個比方，我理想中的教育是教導學生能按自己的意志控制身體的技能。除此之外，像是訓練學生正確地接收外界的資訊、將自己與生俱來的能力發揮到淋漓盡致也很重要喔。還有，認識到世上有些事就是無法盡如人意，也是很重要的事。」

嗯……這點我也有同感。

「你覺得為了實現這個目標，人應該怎麼度過童年時光？」

這次換他問我了。我想了一下，正要回答時，他便自顧自地接著說：「我們必須耐心地等待孩子們自然地成長，尤其是孩子還很小的時候。而不是如洛克先生所說的『養成好習慣』。我認為重點在於讓孩子們在極其自然的環境下獲得『自己的體驗』。」

哇！他居然推翻了洛克先生的想法！

「好勇敢啊，盧梭先生……。」我不禁喃喃自語。

「如果沒有親身體驗過，記再多單字也沒有任何意義，不僅如此，反而還有害喔。你不這麼認為嗎？」

有道理……。我也經常告訴自己，不要只知道詞彙或資訊就自以為理解了，必須去現場體驗、確認才行……。這麼說來，我確實舉雙手雙腳贊成。盧梭先生說到重點上了，真有一套。

於是他又睜大了原本就很大的眼睛，露出幾分挑釁的笑容，以曉以大義的口吻對我說：「聽清楚了，所以我認為孩子們至少要滿十二歲才能閱讀。因為書本根本沒辦法提供『體驗』。」

「什麼？要滿十二歲才能看書！」我聽得目瞪口呆，忍不住驚訝地喊出聲音來。

看到我的反應，他一臉滿意地接著說：「我一直在思考這個問題：『應該怎麼教育孩子，才不會讓他們失去與生俱來的美好本性呢？』結果又冒出了『孩子是如何長成大人的？』這個問題。可惜的是，洛克先生提倡的『白板說』無法充分說明這個問題。因為光說人類生下來的時候是一塊白板，無法完全涵蓋人類的自然本性。」

為什麼呢？我一時無法理解這句話的意思。於是盧梭先生斬釘截鐵地說：「人類的自然本性可以用我常說的『自然人』（natrual man）的概念來說明。」

自然人……？是指自然不做作的意思嗎？還是天真無邪的意思……？我還無法理解自然人的意思，感到一頭霧水時，他已經開始說明了。

「所謂的自然人是指還沒有被任何文明毒害，處於自然狀態的人類。這是我為了追求人類的本質所創造出來的概念，所以自然人實際上是不存在的。對了，你可以想成是太古時代的原始人。」

人類沒有受到文明毒害的狀態……？

他接著說：「為什麼會產生不平等呢？這是因為人類的『想要』遠超過所需要的。但自然人不會追求任何人生在世不需要的東西。每個自然人都是獨立、平等、完全自由的。自然人不會想控制其他人，也不會服從他人。光是存本身，就能感到心滿意足。

我再問你一個問題，在這個文明發展已久的世界，其實還存在著自然人喔。你知道是誰嗎？」

什麼？這個社會還有自然人，是誰呢？……我陷入沉思。在這個不平等已經變得理所當然的世界裡，真的還有人沒有受到文明的毒害嗎？

「是小孩子喔。」他不管我正在絞盡腦汁地思考，自顧自地說下去：「人類剛生下來的時候都是自然人。我堅信，所謂的教育是要讓生為自然人的孩子，能在這個文明社會中不被扭曲地成長，並且創造出民主社會，讓每個孩子都能得到真正的自由，成為平等社會的一員。」

他說完這句話，再次深深地坐進搖椅。與此同時，周圍又開始籠罩著白色的光芒。在逐漸模糊的視線範圍內依稀聽見他最後一句話：「植物靠栽培長大，人類靠教育成人。」

◆

盧梭先生提出「自然人」的概念，將兒童塑造成特別的存在。也就是說，他主張兒童的生命與大人意義不同，所以世人才稱他為「兒童的發現者」。

他主張真正的教育在於保護兒童，讓他們自然地發展，消除所有會妨礙兒童自主成長的絆腳石，所以才會用「栽培植物」來形容。據說植物如果沒有水分，為了活下去，會變得更強悍。倘若這就是所謂的自然，支持孩子們獨立自主，保護他們避免受到負面影響，不就是盧梭先生口中的「教育」嗎？

《愛彌兒》被視為教育的聖經，至今仍擁有廣大的讀者，但是在出版當時卻因為想法太新潮，受到教會猛烈的抨擊，被禁止出版。政府甚至還發出拘票，將他逐出法國，使他不得不過著流亡的生活。

在還沒有民主概念的十八世紀，能想到「關注兒童特殊性的教育，是打造民主社會的第一步，也是最終目標」，真是太厲害了。

好創新的概念！到底要怎麼提出這麼有原創性的構想呢？應該沒有人能超越盧梭先生的思想吧……。

他那嶄新的想法及理論令我大受震撼，一時半刻動彈不得。

然而，過了一段時間，我冷靜下來思考後，發現還是有很多值得深思之處。他認為「兒童是特別的」的想法，最終衍生出兒童與大人的區別、玩樂與學習的區別，亦即伊里奇先生說的「讓人類的生活變得貧乏」。

既然有這個問題，就應該從根本上重新審視他的想法吧？可是又不知道該從哪裡開始、該怎麼審視才好……。有沒有什麼線索呢？

正當我還在思考時，看到英國教育評論家肯・羅賓森（Ken Robinson）的一句話「學校正在扼殺孩子的創造性」。他模仿盧梭先生說的話，發表了以下意見：

園丁的工作不是栽培植物，而是準備好讓植物開花的條件而已。

「沒錯，就是這個！」我恍然大悟。我認為提示就藏在這裡。

教育的真諦是在孩子們被墮落的文明汙染前，
培養出堅實的人性，
以上是盧梭先生的邏輯。

我遇見一位為了拯救兒童們免於勞動的折磨，
繼承他的思想，因而創建學校的了不起企業家。

那個人被譽為「世上第一位為兒童成立學校的人」。

別用教科書壓迫孩子

英國企業家羅伯特．歐文（Robert Owen）受到洛克先生及盧梭先生的思想影響，並付諸實行。

他除了是在紡織界發起革命，大獲成功的實業家，同時也是改善人們勞動環境的改革者，還是世上第一位創辦「幼兒學校」的人。我透過他的著作《歐文自傳》（*The life of Robert Owen*，直譯，一八五七年）了解他的生平，一面探索學校的演變過程。這本書成了我的下一本「冒險之書」。

十八世紀是工業革命在英國全境發展得如火如荼的時代，歐文生在商人之家，十歲就自行前往倫敦，開始在紡織業相關的商店工作。後來根據童年的經驗，他買下當時剛發明的走錠細紗機（Spinning mule），成立自己的工廠創業。

業界的巨頭看上他短期內就讓事業蓬勃發展的手腕，因此提拔他管理位於曼徹斯特的新工廠，帶領五百名員工。他也不負老闆的期待，熱心地改良紡紗技術，還換了進貨的產地，以提升紡織品的品質；也不吝支付優秀員工可觀的薪資，賦予他們重任，成功擄獲員工的心，創下亮眼業績。後來他向岳父買下蘇格蘭的工廠，成立了「新拉納克紡織工廠」，二十九歲就成了總經理。

好厲害啊！當時的紡織業是最先進的產業，大概就相當於現代的史蒂夫・賈伯斯（Steven Jobs）或伊隆・馬斯克（Elon Musk）吧！

◆

《歐文自傳》讀到這裡，同樣身為企業家，除了佩服、尊敬以外也覺得跟他更親近了，這時眼前又閃過那道銳利的閃光。我用手遮住眼睛，擋住刺眼的光線時，心想「難不成……」。當我再度睜開眼睛，有位紳士站在我面前。

哦，是羅伯特・歐文先生！我一看就知道是他了。

「拜工業革命所賜，當時英國的紡織業是走在世界最前端的產業之一，但也因此拉開了有錢人與窮人的階級差距。」他指著遠方的景色說。指尖前端是一處貧民窟，那裡滿是喝著廉價杜松子酒，遊手好閒、坐在路邊大吵大鬧的失業者，以及沒錢吃飯，只好偷竊而四處逃竄的人。

「他們有的是因為工業革命而失去農地的農民，有的是因為發明機器而失去工作的工匠們。失業導致犯罪率激增和貧民窟的形成。但這不是他們的錯。我認為世上所有的貧困與犯罪，都是因為社會的結構出了問題。」

貧困與犯罪是社會結構的問題……。在那個還沒有工會、社會保險、福利的時代，歐文先生就想到這點了啊……。

「懲罰犯罪者並不能解決真正的問題。我認為更重要的是藉由改善社會本身來消除貧困及犯罪。」

原來如此。不過他要怎麼改善社會呢？

我正想問他，他筆直地凝視著我說道：「最大的問題在於工作環境太惡劣了。人類的性格是由周圍的環境塑造的，所以唯有改善環境，才能徹底地解決問題。也因此，我想打造出可以改善工廠全體員工的生活環境。」

他指著另一個方向說道。在河畔磚造工廠的周圍是美侖美奐的員工宿舍，工人們都心滿意足地在那裡生活。住宅區中也有小型的商店，能看見媽媽們購買日常用品的身影。聽說新拉納克工廠會大量採購生活所需的物品，讓員工們可以用低廉我突然發現，這不就是員工合作社（Co-op）的原型嘛！這也是歐文先生發明的嗎？與其說他是一位企業家，還不如說他是社會改革家……。

見我激動莫名，他臉上浮現微笑，繼續對我說：「員工士氣低落並不是他們的錯，而是他們工作的環境太差，責任完全不在他們身上，應該負責的是經營者。」

他這句話透露著強烈的決心，令我大受感動。他並未滿足於有錢賺就好的現狀，也不怪罪人民生活困頓是社會或時代的錯，而是認為完全是身為經營者的自己的責任。同樣身為經營者，我不禁打從心底尊敬他的格局。

同樣身為企業家，我也能像他這樣嗎……？如果想像他那樣，我現在應該做什麼呢……

他凝視著我的雙眼，問我：「你知道為了讓社會變得更好，最重要的是什麼嗎？」什麼？我不知道……呃，我認為應該是改善教育……。我有一瞬間的迷惘，正打算毅然決然地回答時，他迅速地舉起手，眼前又出現了新的光景。年幼的兒童正與大人一起在工廠操作機器，也有些小孩子善用小巧的身軀，鑽進大人進不去的狹窄空間修理機器，或是揮汗如雨地搬運煤炭等等。

「在新拉納克工廠，大約有五百名兒童在這裡上班，但他們置身的環境著實不是適合他們成長的環境。」

我想起來了，那是伊里奇先生口中大人與兒童沒有區別的世界，但也為小孩子們不得不拚命工作而感到心痛。

「所以我禁止不到十歲的兒童工作。致力於讓兒童們遠離危險的工廠，並打造出一個安全的環境，由擅長照顧孩子的人守護，而父母可以放心地把孩子交給他們，專心工作。」

我完全臣服於他的話語，全神貫注地聽他說話。

「一八一六年我在工廠的腹地內成立理想中的學校，最大的特點在於設置了針對一歲到六歲幼兒的『幼兒學校』（Infant School）。就我所知，這應該是全世界第一所專門為兒童設置的學校喔。」

他有些自豪地說，以自信滿滿的語氣斷言：「我認為教育——尤其是幼兒教育是讓社會變得更好，最理想的方法。」

話才剛說完，歐文先生再次在空中揮舞雙手。映入眼簾的是許多年幼的孩童有些跳舞，有些在寬廣的草地上跑來跑去、自由玩耍的光景。

「這所學校的目的是保護兒童不受到負面影響，過上有品質的生活。若能讓孩子們

羅伯特·歐文
Robert Owen
（1771–1858）

都過上好日子，他們就能成長得更好。」

聽到這裡，我想起盧梭先生說過的話：「保護孩子們避免受到負面影響。」

歐文先生該不會是受到盧梭先生的影響吧？

只見他不置可否地回答：「我要求教師們堅守以下的原則：不准用教科書壓迫小孩，而是教導孩子們如何使用身邊的物品，以及正確認識物品的性質。當孩子們感到好奇、提問時，一定要用他們聽得懂的說法來解釋。」

這不就是盧梭先生提倡的實物教育，也就是「自然的教育」嗎！當我意識到這一點，感覺開始明白他的用意了。

「閱讀與計算自不待言，就連歷史及地理等等也盡量不要用書本教學。我還製造了讓孩子們獲得『自己的體驗』的專門設備喔。不管社會怎麼說，我只想貫徹自己的信念，而且我們很快就看見成果。」

人固然會受環境影響，但我身邊也有「堅持實踐自己感受到的事物，並創造亮眼成績的人」這樣的例子……。

或許是看到我深受感動的樣子，他繼續往下說：「不僅如此，我還發明了世上第一座運動場及第一堂戶外學習課程。這是我繼承洛克先生『養成良好習慣、累積良好經驗可以培養出健全的精神；而有健全的體魄，才能養成好習慣』的思想，並受到啟發的結果，也得到孩子們非常正面的迴響。」

看來他確實繼承了洛克先生與盧梭先生的思想，卻也強調「打造良好環境」的重要性。這大概是他經營工廠時深有所感，自己的獨到想法吧。

我想到這個可能性，只見他露出平靜安穩的微笑。

「人性本善，是後天的環境讓人性變得惡劣。所以必須在幼兒期給予良好的環境，才能形成良好的性格。」

歐文先生說到這裡，閃光再次出現，他消失在光線裡。然後我也從新拉納克的世界再度回到自己的書桌前。

◆

一次同時改善人們的勞動環境、孩子的學習環境、生活環境，從而發展成造鎮規模的羅伯特·歐文，認為不能只改善其中一部分，唯有改善人類所置身的整個大環境，才能真正改善社會。他的想法十分全面，說是劃時代的創舉也不為過，而他的態度也非常值得現代人參考。

倘若歐文先生活在現代，他會怎麼改變社會呢？關於這個問題的思考給了我非常多啟發。

洛克先生、盧梭先生、歐文先生。
這三個人為現代教育帶來非常大的影響，一直延續至今。
他們在當時都是劃時代的教育改革家。

然而，隨著時間經過，他們做夢也沒想到，
這些強烈的想法及熱情發生了極為諷刺的反效果。

以下記錄了我關於這點的想法。

撕掉「被保護」的標籤

主張「人類是一塊空白的白板」的洛克先生塑造了現代教育思想的雛型，他提倡「不要勉強孩子們學習，而是讓他們養成主動學習的習慣，這才是教育」。當大多數人都接受了這個觀念，反而讓焦點變成「兒童是特別的存在」。

相較之下，盧梭先生則提倡「教育是不讓文明社會扭曲生為『自然人』的兒童」，結果導致「兒童是特別的存在」的觀念更加成為主流，完全將兒童與大人區隔開來。

後來，歐文先生受到洛克先生和盧梭先生的影響，基於「藉由從小給予良好的環境，培養健全人格」的想法，創辦了世界上第一所幼兒學校，成為現代學校的雛型，並且以保護兒童為名，認為將孩子們「豢養」在學校裡，才是正義之舉。

他們的確都是非常了不起的改革者。光看這點，你可能會覺得沒有什麼問題。

追溯他們為什麼會這麼想的原因，一一拆解他們的思考邏輯後，就會發現這在當時是相當劃時代的想法。

問題是這些都演變成「把兒童視為兒童」的基礎：「兒童是純粹且惹人憐愛的存在，所以需要透過教育，將他們培養成理性而優秀的大人。」這其實是居高臨下的俯視角度，意味著兒童尚未成熟，不是完整的人，所以必須由大人施加教育，將其導向正途。換句話說，他們是以上對下的角度在看待兒童。

結果就是打著「不可以讓兒童工作」的大旗，剝奪兒童與社會產生連結的權利，直到他們長大成人。舉例來說，小孩子有參與學校的運作、自由的提出意見、改變任何現狀的權利嗎？小孩子有參與社區規畫等政治上的權利嗎？再怎麼絞盡腦汁地思考也找不到肯定的例子。

一九五〇年代的美國公民運動引發了消除種族歧視的運動，大部分的國家都制定了禁止種族歧視的法律。還有自一九八〇年代的聯合國決議後，消除歧視女性的活動也推廣到世界各地。在消除歧視這點上，幾乎全世界的人都贊成這些行為。

然而，對於兒童的歧視，人們的觀念卻還停留在「兒童就是與大人不同，就算被歧視也沒辦法」——認為「這也沒辦法」，才是歧視最大的問題。我認為對兒童的歧視是「人類最後的歧視」。

兒童應該擁有與大人完全相同的權利。在這個前提下，必要時再以個案來處理就好了。如果不從根本上改變，任何改善都是空談。

環顧我們的社會，不難發現許多設計都是以健康的成年人為主。光看家具的設計就知道，全都是配合大人的平均身高來設計。櫃臺的高度、椅子的高度、櫥櫃的高度等等，無一例外。看在兒童眼中，那些東西明顯都太高、太大、太重了，導致他們無法好好地使用。

另一方面，大人看到小孩子無法好好地使用那些家具，又小看他們「哎，小孩子果然需要大人的協助」、「小孩子要用這些還太早了」，像這樣讓孩子們處於弱勢的立場，認定「小孩子是需要被保護的存在，如果沒有大人幫忙，自己一個人什麼事也做不了」。明明是大人創造出不適合兒童的環境，卻還沾沾自喜地說：「看吧，你果然不會用。」明顯是很不公平的一件事。

如同伊里奇先生所說，以前的兒童和大人是對等的。但是自從兒童受到差別待遇後，不公平的對待兒童就變得理所當然了。這大概就是伊里奇先生說的「區別小孩與大人是讓這個世界變得貧乏的主因」這句話真正的意義。

首先應該要撕掉「兒童應該受到保護」這張讓孩子們處於弱勢、無法主張其權利的標籤，將孩子們的希望如實地反映在社會上。

我認為正因為後來以洛克先生及盧梭先生、歐文先生為首的教育者們，以這種看待兒童的角度來架構教育，才讓教育變得如此無聊。

這點在本質上與「正常人」凝視「殘障人士」的角度大同小異。

我們多半都自以為是「正常人」。當我們這些「正常人」看到拿著殘障手冊等「身體比較有特色」的人，而且他們看起來顯然不知所措時，自然會想要伸出援手。若能解決他們的煩惱，便感到滿意不已，笑著與他們道別。

顯然，我們想必是基於「對方是殘障人士，一定要幫助對方」的想法伸出援手吧。想必是基於「對方是殘障人士，幫助對方是自己身為正常人應盡的義務」的想法與對方相處吧。

「殘障人士」不一定就是「弱勢」。「身體有缺陷」本來只不過是「身體特色之一」。儘管如此，我們卻認為對方是「可憐人」，一口咬定對方是「弱勢」。

當然，我沒有責怪的意思。我想說的是，「我們是否在潛意識中將所謂的殘障人士與『正常人』分開來看呢？而且太過於理所當然，甚至沒思考過有什麼不妥呢？」

凡事都要分成「非A即B」的角度來看待的話，無異於只用一個標準來判斷事物。我覺得只要跳出這種看待事情的單一框架，不要分小孩或大人、正常人或殘障者，單純地以「社會上有各種人，有一百個人就有一百種個性」為前提，重新建構社會上的一切就行了。

也就是說，若想改變教育，得先從改變看待兒童的角度開始。「不要把兒童視為兒童」其實是再自然不過的一件事，每個人的唯一差別只有個性，只要單純地欣賞那些個性就好了。對相同的領域感興趣或產生好奇心的人，再依個人的喜好聚在一起、相互學習即可——我認為現在需要的就是這種學習的場所。

一旦我們能改變自己看待孩子的方式，「學習」就會重新恢復成「玩樂」。換句話說，唯有我們都能理解每個人都是不同的，才能找回學習的樂趣。

總結

Q 把「玩樂」、「學習」、「工作」個別看待的想法，為什麼會變得如此普遍呢？

強迫學生接受無聊教育的學校，很容易變成充滿壓力的環境，成為孕育出霸凌及拒絕上學等問題的溫床，而且情況越來越糟，是現代學校所面臨的最大問題。

學校教育之所以變得無聊，除了前面章節提到的原因外，佐伯老師也告訴我們，是因為從「學習」中把「玩樂」切割出去。與此同時，伊里奇先生也說把「兒童」和「大人」分開來看是很重要的原因之一。於是我又探索「學習」與「玩樂」、「兒童」與「大人」為什麼會被區分的理由。

我才發現是洛克先生把兒童比喻成一塊白板，認為「教育」是為了讓他們養成學習的好習慣，從此改變了教育的意義。接著，盧梭先生認為兒童不只是小大人，而是從他們身上找到「特殊存在」這個全新的意義；而歐文先生賦予了學校新的意義，認為學校是「形塑性格的場域」，確立了「學校保護孩子、培養孩子，讓孩子受教育，為他們做好在社會上做出貢獻的準備」的架構。

受到這些教育改革家的影響，畫在「大人」與「兒童」之間的那條界線，後來也一刀切開了「玩樂、學習與工作」、「公與私」等等，這些區分讓人類的生活變得貧乏。

為何要這樣一刀切呢？下一章會仔細地探討這個問題，但主要是因為社會工業化。工業化社會要求每個人都成為某方面的專家，把一切都分得越來越細，這樣的時代背景也助長了區別的風氣。

隨著世間萬物都被分門別類，人們身為勞動者，就必須發展更專業的知識及技能。當一生都在追求產值及效率時，我們為了賺錢，把大部分的人生都用來做一點也不有趣的工作，懷著對將來的不安過日子。想當然耳，這種殘酷的實力主義也蔓延到了校園，讓「玩樂」離「學習」越來越遠。

洛克先生及盧梭先生、歐文先生的想法，在當代都是非常劃時代又有意義的事。只不過隨著時代的變遷，逐漸往不好的方向發展。但這決不是他們的錯，而是我們停止了思考，沒有深入理解他們為什麼會這麼想，也不曾採取批判的態度，只是承襲他們的思想所導致。

第 3 章

說出想法

THINK OUT LOUD

為何大人要求孩子努力學習？

學習本來是自由的，
我們應該可以隨心所欲地學習。
但學校卻不允許我們這麼做。
不僅如此，還要求我們一定要「努力學習」。

為什麼一定要「努力學習」呢？
為什麼大人要我們「努力學習」呢？

「少年不讀書，老大徒傷悲。」
到底所謂的「傷悲」是什麼呢？

對能力的信仰

家長們要求孩子們去上學或補習班，理由是「為了提升學力」。問題是，「學力」及「能力」（ability）到底是什麼？

我為了探索這個問題的根源，再次翻開五花八門的文獻及論文。追溯到測量人類智力及體能的歷史時，我偶然找到了十九世紀的統計學者法蘭西斯・高爾頓博士（Francis Galton）的著作《遺傳的天才》（*Hereditary Genius*，直譯，一八六九）。當我拿起這本書，讀到一半的時候，周圍開始籠罩在陰森森的紅光裡，我的意識逐漸變得模糊。

◆

回過神來，我人在倫敦，沿著馬路往前走是一個小小的廣場。有個男人正在等我。

「你好，如你所知，我是法蘭西斯・高爾頓。」

「高爾頓先生，我正在思考能力到底是什麼。」

「嗯哼。我正在研究人類的個人差異喔，是一門名為『優生學』（eugenics）的學問。這是一門重要的科學，只留下好的基因，小心別留下不好的基因，藉此改良人類，就能加速人類的進化（evolution），這不是很棒嗎？」

我被他充滿威嚴的聲音與態度震懾住，一句話也說不出來。

「如同我在著作《遺傳的天才》裡寫的，人類與生俱來的才能會遺傳喔！」他的聲音迴盪在空無一人的廣場上。

「你知道嗎？如果挑選跑得很快的公馬和母馬，讓牠們生下小馬，不就能生出跑得更快的純種馬嗎？同樣地，只要選擇優秀的男人和女人，讓他們生下子嗣，綿延幾代，應該也能創造出擁有更優秀才能的人類。如同我敬愛的達爾文在十年前發表的《物種起源》（*On the Origin of Species*）所述，這是絕對的自然法則，肯定不會錯喔。」

他當我不存在地繼續發表他的主張。

「這麼一來，你懂了吧。藉由選擇性地讓人類『進化』，就可以讓社會『進化』。只讓最優秀的男女生育，最後世界上就會充滿優秀的人類，讓整個社會變得更好。如同進化論所說，弱者只要放著不管，就會自然淘汰。所以最好取消保護窮人或弱勢族群的社會政策！」

他的語氣越來越熱切，我被衝擊得說不出話來。

「如何？很棒吧。你願意協助我的研究嗎？」

男人伸出手來用力地抓住我的袖子。現在是怎樣！我邊退後邊在心裡吶喊。真難以置信！為了讓社會變好，居然要對人類進行品種改良，會不會太瘋狂了？

就在我感到不知所措時，眼前閃過一道白色的閃光，回過神來，我正從房間裡的沙發站起來，才意識到原來「能力」的概念源自於優生學。

◆

從衡量人類的個人差異出發，運用「遺

傳」與「進化」的概念探討產生優劣的原因，在從事上述研究的過程中，「能力」這個概念逐漸誕生了。

附帶一提，據說高爾頓博士是發表進化論的英國生物學家查爾斯・達爾文（Charles Robert Darwin）博士的表弟，年紀小達爾文很多，深受達爾文的影響發表了上述的思想，他的思想被稱為「社會進化論」（Social Darwinism）。

據說，社會進化論與優生學的實證研究，不僅被用來證明帝國主義時代的殖民地政策的正當性，納粹迫害猶太人也是以此為立論根據。

讓我們再重新思考一下能力是什麼。單就結論來說，能力是用來測量智力的「智力測驗」變得普及後產生的統計學概念。能力原本只是統計學上的數字，卻被當成煞有其事的存在，甚至變成一種「信仰」。

我想知道能力信仰究竟從何而來，又是怎麼發展的，終於找到直接的起源。那就是法國的心理學家阿爾弗雷德・比奈（Alfred Binet）博士與泰奧多爾・西蒙（Théodore Simon）博士在一九〇五年開發出來，用以測試「智商」（IQ，即 Intelligence Quotient 的縮寫）的測驗，從這個測驗衍生出「智力」的概念。

這個測驗原本是為了找出智能障礙的兒童。在第一次世界大戰中，美國的心理學家羅伯特・梅耶斯・葉克斯（Robert Mearns Yerkes）博士開發的「陸軍甲種和陸軍乙種測驗」（Army Alpha/Beta）被用來決定一百七十五萬名美國陸軍的分類。接著，美國優生學家卡爾・布林漢姆（Carl Campbell Brigham）博士再加以應用，設計出大學入學考試用的SAT學術能力測驗（Scholastic Aptitude Test），透過企業及學校推廣到全世界。

由此可知，人們開始視原本只是統計學數字的「能力」為「每個人與生俱來的特殊才能」或「只要好好訓練就能提升的東西」。

不僅如此，由於人們認為能力「實際存在」，從而衍生出崇拜能力的「能力信仰」，變成世間的普世價值。

我們不只認為能力實際存在，還發展到「信仰」的高度，到底是為什麼呢？

原因與我們身處的工業社會有著密不可分的關係。

「分工」是工業社會最大的特徵。為了提高效率、細分工作，我們追求各個領域的高度專業。實際上，分工與機械化確實讓工業生產突飛猛進。這麼一來，工人也必須拓展自己的專業知識與技能。人們開始認為「優秀的人可以領到更高的薪水，不夠優秀的人當然只能領低薪」。

從此以後，能力被視為一種萬能的「貨幣」（utility），人人都覺得「只要有能力，什麼都辦得到」。就像有錢人往往受到世人的吹捧，相信只要成為有能力的人，就能在社會上暢行無阻。

我覺得「能力信仰」與「兒童很天真純潔，是應該受到保護的存在」的信仰一樣，都是牢不可破的信仰。而「學習」成了「強化能力」的活動，除此之外再無其他目的。

大多數人都相信「提升能力是得到幸福的唯一途徑」，緊緊抓住「只要努力學習，提升能力，遲早會有回報，得到幸福」的教誨活著。大人讓孩子們產生「只要用功學習、提升能力，一定會有好事發生喔！」的希望，並威脅他們「如果不提升能力，就會被社會淘汰喔！」

或是不由分說地逼他們學習：「別說學習很無聊這種傻話，總之給我用功讀書就對了！」把不相信這種教誨，不打算抓住那一絲希望的微光活著的人統統打成邪道的態度，簡直跟天上地下、唯我獨尊的一神教沒兩樣。

為了因應社會的需求，學校成了讓學生培養「能力」的訓練所。當然也有一些老師想抵抗這股趨勢，但因為這是社會上大部分大人的期望，光憑他們實在無力回天。

孩子們則被逼著只能拚命學習，目標就是「考上好學校」。「為什麼要學習？我也不知道，思考這個問題也很麻煩，總之先專心完成眼前的學習再說吧」，這樣的說法只是為了讓你停止思考而已。

思考一旦停止，必定會產生「手段的目的化」。念大學的原因本來是為了研究自己有興趣的學問，考大學不過是「手段」而已，如今卻變成「考上好大學」才是學習的目標，這就是所謂的「自我目的化」（activity trap）。

迷失了原本目的的我們，關心的事只剩下眼前的成績好不好、有沒有輸給別人。如此一來，成績好會受到讚揚，成績不好則挨罵：「這就是你不好好學習的下場。」把成績不好完全視為自己的責任。

「每個人都被賦予公平的機會，所以一切都看自身努不努力。也因此，如果不努力的人受到不合理的對待，那也是自作自受而已。」

嗚嗚……心有戚戚焉……。不覺得對考不好，正感到垂頭喪氣的人說：「誰叫你不夠努力，是你不好，活該考不上學校」這種話很過分嗎……？

察覺自己內心居然深受動搖，我大吃一驚，過了一段悶悶不樂的日子。這時，我遇見了日本社會心理學家小坂井敏晶老師，他的作品《名為責任的虛構》（直譯，二〇〇八）及演講毫不留情地斬斷了我的悶悶不樂。他是這麼說的：

「明明造成差距的原因很可能是出於偶然，現行的學校教育卻打著平等教育的大旗為孩子們排名，並強迫孩子們接受排名是自身努力成果的體現（並負起責任）。明明能力差距幾乎都是偶然之下的結果，學校卻推到學生身上，藉此正當化那些不平等。」

換句話說，學校正以「一切都是自己的責任」為由，助長了社會的分化風氣。始於洛克先生及盧梭先生的崇高理念「賦予所有兒童們自由、平等的教育機會」，反而變成重重壓在所有人肩上的重責大任，也因此人們開始產生「人生本來就是充滿差距及不平等」的想法。在身心上都被逼到絕境，反而剝奪了人們探索喜愛事物的機會。

哇……好犀利啊！這麼說來，確實如此。問題是這結果也太諷刺了吧……。

歐洲有一句俗話說：「通往地獄的路是由善意鋪成的。」我覺得這句話無疑是在形容學校，乃至於整個社會。

「能力」原本只是統計學上的數字，
但隨著一而再、再而三地考試，變成了「實體」。
於是衍生出「只要有能力，就能得到幸福」的信仰，
人們恐懼和焦慮著「人一定要有能力才行」。
現在甚至有將不相信這種教誨之人排除在外的風氣。
明明「能力」從一開始，就是一個虛構之物。

循環論證的陷阱

我們經常評論自己或別人「有能力」或「能力不足」。

舉例來說，即使是職業選手，在世界盃那種盛大的賽事裡，也會緊張到無法充分發揮實力，因此當代表選手得分，足球解說員會說：「哇，太神了，他是擁有高超實力的選手呢！」

仔細想想，這代表什麼呢？什麼是「實力」？該怎麼得到那種力量呢？又該怎麼提升「實力」呢？以及「實力」該怎麼衡量呢？

多數人大概會說：「獲得實力的方法，就是在專業的教練或老師的指導下進行練習，並累積上場比賽的大量經驗，並且透過測驗等來評估能力高低。」但我認為這並沒有回答到我的問題。因為累積了大量的經驗不一定能做出成果。

以剛才的例子來說，「實力」並沒有一個絕對的標準。

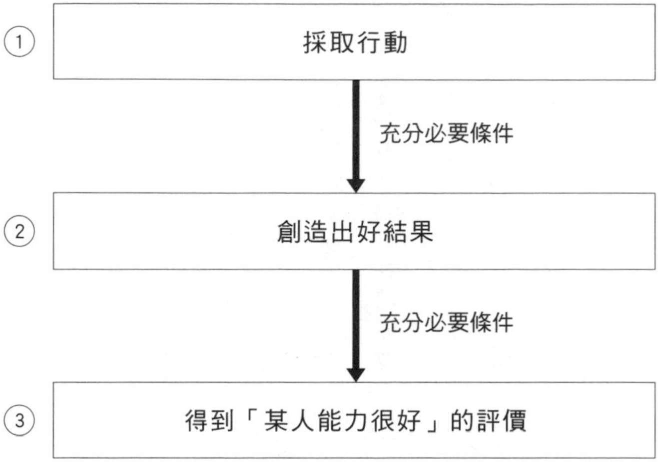

好比說我們不能說「一場比賽平均得到幾分以上的人，就是具有絕對實力的選手」。但是若是說「那位選手素有『聯盟得分王』的稱號」，想必大家都同意「那個人具有超群的實力」吧。

也就是說，所謂的「能力」只不過是「結果論」，只是跟做同一件事的其他人比較。結果好的話就說那個人「有能力」，不好的話就說那個人「沒能力」；只要比別人優秀，就是「能力很好、很優秀」，結果不好的話就是「能力很差、不值一提」。

如上圖所示，人經常以「①採取行動↓②因此創造出其他人做不到的好結果↓③得到『某人的能力比別人好』的評價」的順序，來評論自己或他人。明明只知道這個順序，明明有沒有能力只是由結果論與比較論創造出來的「虛構之物」，大多數的人卻相信那個虛構「真實存在」。

為什麼呢？這是因為人們認為創造出「能力」這個概念的過程既然是「①採取行動→②創造好結果→③能力很好」，那麼順序反過來，應該也能成立，也就是「③$^{+}$努力提升能力→②$^{+}$就能做出好結果→①$^{+}$能力提高後再採取行動」的流程。

①→②→③確實是在滿足「只要這個條件成立，下個條件也能成立」的「充分必要條件」（sufficient conditions）下進行。

問題是，反過來的③$^{+}$→②$^{+}$→①$^{+}$則不一定成立。因為沒有人能保證提升能力就一定能提高做出好結果的可能性，就算做出好結果的可能性增加了，你也不知道該何時採取行動比較好。

如果以足球當例子，首先「①射門→②得分→③某選手被評價具有高超實力」當然能成立。但就算是這樣，倒過來的「③$^{+}$努力提升能力→②$^{+}$提高射門得分的可能性」也不一定成立。

不僅如此，因為不曉得什麼狀態才能稱為「提升能力」，因此遲遲無法「①$^{+}$嘗試射門」。結果會讓人覺得「自己的能力還不夠，所以現在射門還太早」，直到比賽結束

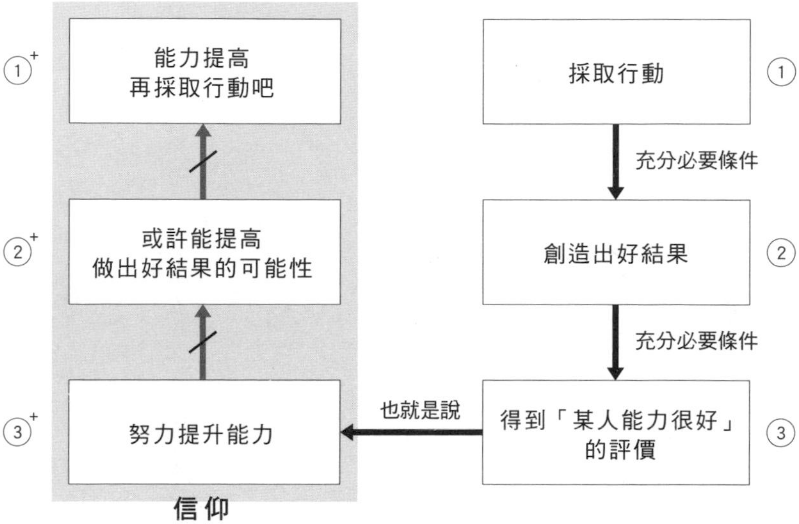

都不敢出手。

其實任何人都有過「不是努力就一定會有回報」的經驗。儘管如此，還是陷入了「結果好是因為能力好」、「因為努力提升能力，才能做出好結果」的迷思，即「能力好是結果好的原因」。

背後的邏輯是「我需要提升自己的能力，才能做出好結果；為了做出好結果，我必須提升能力。」提升能力既是結論也是前提，這就是所謂的「循環論證」（circular reasoning），是邏輯上根本無法成立的詭辯（sophistry）。

即便如此，許多人都認為這個邏輯無懈可擊，對「要怎麼收穫，就怎麼栽」、「提升能力是得到幸福的不二法門」深信不疑，這就是能力信仰的本質。
信仰是相信某種實際不存在的東西，由於信仰不需要任何理由，只需要相信，因此「能力信仰」會讓許多人放棄思考。而現代人幾乎都是「能力教的信徒」，「能力教」說不定是目前世界上規模最大的信仰之一。

◆

為何我們會相信「能力」實際存在呢？
就在這樣的疑問浮現腦海時，原本在桌上堆成一座小山的書突然發出強光。發光的是伊里奇先生的《怡然自得的工具》（*Tools for Conviviality*，直譯，一九七三）。
「難不成……」
下一瞬間，我人在古老的教室裡，伊里奇先生正在前方的講臺上授課。
「……機械化的原因是建立在機器能代替奴隸為人類服務的假設上。因此只要改良機器，最終就能讓人類從勞動中解放。」
他說的話充滿熱情，同時令人感覺鏗鏘有力的語氣背後，帶著些許的樂在其中。

「問題是，人類原本應該是『機器的主人』，實際上卻成了『操作機器的人』，從事無意義的勞動，還淪落為被動的『消費者』，不斷購買機器大量製造的商品。也就是說，機器非但沒有取代奴隸，還把人類變成了奴隸。」

嗯……但這與「能力信仰」有什麼關係呢？

我正想提出這個問題時，他先轉身面向聽眾，丟出提問：「一旦出現了更新、性能更好的機器，各位認為現有的機器會如何？」

既然有性能更好的機器，當然是換成新的機器啊。

「那麼，假如機器壞了，又會如何呢？」

那當然是汰舊換新啊。因為「性能」是唯一評判機器的標準……啊，對了，人類也一樣！在機器進化的這兩百年來，人類身處工廠的生產系統及管理系統之中，開始認為自己也應該跟機器一樣。換句話說，過去兩百年發生了「人類的機械化」。

在這樣的情況下，人類逐漸相信必須成為能在體制內順利運作、具有價值的存在，否則就無法在社會中生存下去——不對，是被逼著這麼想。

「正是。」他看著我，用力點頭。

「機械化人類」也因「成果」受到評價，所以這就是為什麼人類必須不斷地提升

「能力」，變成「性能更好、不容易壞又好用」的存在才行，這也是「技能再造」（Reskilling，指為了因應變化而變習新技能）的真正涵義。

怎麼會這樣？機器的發明原本是為了讓人類擺脫辛苦的勞動，結果卻反過來讓人類變成奴隸……。

正當我茫然佇立時，他靜靜地消失在光芒裡。

◆

「人類的機械化」促成了能力信仰的誕生。人類渴望自由的願望，卻無奈落得遺憾的結果。我對這極為諷刺的結果感到非常無奈。

先前提到過「循環論證」是人類認為「能力」真實存在的前提。只要是人，任誰都有類似的「大腦習慣」，另一方面，文明之所以進步也是基於「循環論證」。最好的例子就是「金錢」。金錢之所以是金錢，無非是因為人類相信「其他人也接受金錢的價值」，這就是所謂的「循環論證」。

「能力」也跟「金錢」一樣，只不過是虛構之物。但是另一方面，我們也必須了解

伊萬・伊里奇
Ivan Illich
（1926–2002）

到，正因為相信金錢及能力的存在，經濟及社會才會持續進步。

附帶一提，在我們的文化裡，只要做出一點成績來，受到別人的讚美：「好厲害啊！」幾乎所有人都會自謙：「沒這回事，只是剛好走運。」

這種所謂「運氣」的概念，也是從結果衍生出來的虛構之物。即使不清楚因果關係，卻莫名其妙做出好成績時，我們就稱「在成果中發揮作用但無法用言語說明的東西」為「運氣」。

「運氣」也跟「能力」一樣，不知不覺被人類信仰，認為運氣真的存在。也因此許多人為了增加好運氣，會去廟裡拜拜、購買護身符等琳琅滿目的開運小物，拚命想提升自己的運氣。從這個角度來說，「能力」與「運氣」就像一對雙胞胎姊妹一樣，是一個硬幣的兩面。

所謂的「能力」，只不過是結果論，
只不過是跟做同一件事的他人比較後的結果。

明明是不存在的虛構之物，
人們卻相信能力跟金錢或運氣一樣真實存在，
相信「有志者事竟成」，
這是因為工業革命加速了「人類的機械化」。

除了能力、運氣、金錢之外，
還有許多惡名昭彰，只會給人們帶來災難的信仰。

百害而無一利的「才能」

與「能力」一樣經常被大家掛在嘴邊的字眼還有一個，就是「才能」（talent）。

我們也經常聽到「天賦」（gifted）或「資質」（aptitude）這兩個詞。其中，最常與才能一起出現的詞彙還有「天才」（genius），意指「與生俱來的優異才能」或「凡人再怎麼努力也達不到的才能」。

真的經常聽到這些話對吧。像是讚美別人的時候會說「你好棒啊！真是天才！」或「你真有天分！」但這些詞彙同時也容易讓人產生自暴自棄的想法：
「反正我沒有才能……」
話說回來，「才能」到底是什麼呢？

與能力一樣，「才能」也是無形的，人們卻相信才能存在，原因可以用心理學用語「後見之明偏誤」（hindsight

bias）來解釋。所謂的後見之明偏誤，是指知道某件事的結果後，才事後諸葛地說：「看吧！我就知道！」這種覺得自己好似事前就預料到的心理。

任何人都有後見之明偏誤，但有時會變成一大問題，它會讓人不公平地評斷那些無法做出理想成果的人。

明明只是結果剛好不如預期，卻被貼上「無能」的標籤，這種情況在後見之明偏誤中又被稱為「結果偏誤」（outcome bias）。

打個比方，奧運國家代表隊贏球時，總教練就被吹捧為「傳奇教練」，輸了比賽就會受到觀眾的指責，即為最典型的例子。然而，教練的戰術安排、人力調配都是經過全盤考量，根據球隊內部真實情況找出「最好的作法」。他們都是身經百戰之人，觀眾卻只看結果就對他們賭上教練生涯所做的決定，給予殘酷的批評：「這個教練不行，沒有資格當教練。」

我想表達的是，以結果論來評價人或事物的社會，等於是在扼殺我們的發展。因為光靠結果論就對失敗落井下石的社會，將讓人們不敢冒險做出大膽的決策或採取大膽的行動。

以結果論給予評價的社會將形成「某人失敗了↓根據結果論責怪某人↓變得畏縮↓

不敢主動嘗試↓態度轉趨保守↓被對方占得先機」的迴圈，最終我們也將受到這個惡性循環的影響。然而，即使頭腦明白這個道理，也很難擺脫這些偏誤。因此完全不需要責備自己有這種偏誤。

重點在於擁有「啊，剛才的想法或情緒有偏誤喔」的自覺（即「後設認知」〔Metacognition〕）。只要有這個自覺，就能以寬廣的胸襟面對別人，避免無謂的紛爭，對自己也會變得比較溫柔，比較不會動不動就討厭自己。

「Good try!（不錯的嘗試！）」是美國孩子們經常得到的一種鼓勵，這句話帶有「結果雖然不盡人意，但鼓起勇氣勇於挑戰這點本身就很有意義」，肯定、安慰了他們努力的過程。相比之下，與因為結果偏誤而全面否定對方的態度，哪種更好不言而喻。

另外，才能這個詞彙的背後其實是基於「可得性捷思」（availability heuristic）的心態，即人類傾向以更容易出現在腦海中的事物為基礎來做出判斷。如果我們習慣用結果論來想事情，不知不覺就會陷入「這個想法才是對的」窠臼。也就是說，人類是很喜歡用結果論思考的生物。

由此可知，「才能」就跟能力一樣，只不過是基於這些偏誤而做出的不求甚解的評價。但「才能」還有一點比能力更糟，那就是暗藏著「決定論」的想法。

決定論（determinism）是指「即使以為是根據自己的意志自由地思考、行動，其實全都早就由自然法則或命運等因素決定好了」的想法。

能力信仰還好，它是在「只要不斷地努力，必定能提升能力」的信念之下的行動，但才能卻會讓人覺得「如果沒有才能，再怎麼努力也無法提升能力」、「沒有才能的人再怎麼努力也沒有意義」而自暴自棄，所以比能力信仰更糟糕。

以下是「才能」帶來負面影響的例子。在運動競技或比賽、選拔考試等場合經常可以看到這樣的光景：明明某人是因為喜歡才去做的事，卻不幸剛好接二連三出現不好的結果，周圍的人就會說「雖然很同情他，但他是不是沒有才能啊？」漸漸地，本人也會信以為真「自己沒有才能」，甚至因而喪失自信。

人類所有的行動本來都是因為喜歡、有興趣、做起來很快樂，才認真地去做，明明只要這樣就夠了，卻被這樣的消極性想法：「如果你沒有才能或天賦、資質，光靠熱情或努力怎麼樣也無法成事，再怎麼努力也沒用」，奪走了這些人的熱情。

話說回來，像繪畫比賽之類的活動，本應是為了提高熱愛繪畫的人的幹勁，以及激發繪畫的創造力才對。但是把比賽和評價畫上等號，導致許多人開始側重於「才能」這種虛無飄渺的東西，反而讓熱愛畫畫的人喪失自信，可說是非常荒謬的結果。

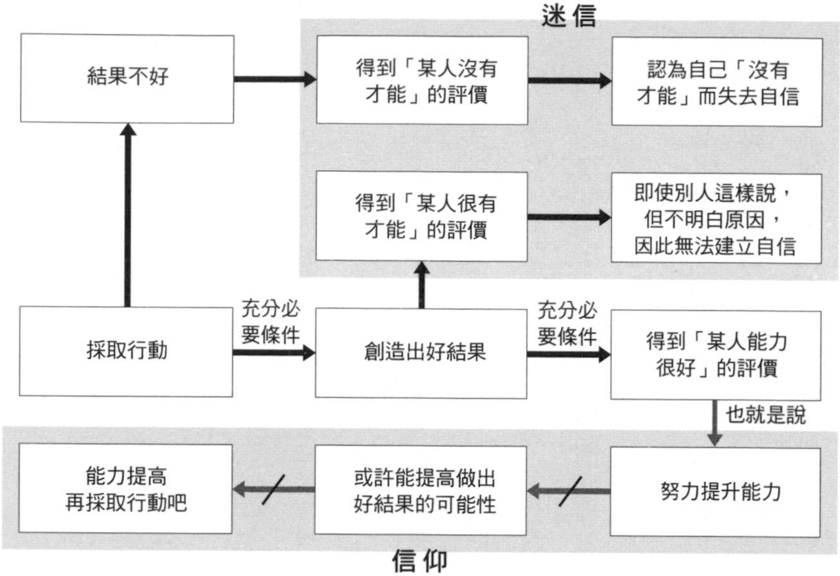

另一方面，聽到「你很有才能！好厲害！」這種話當然開心，但外行說的話沒什麼說服力，所以其實沒有太大的激勵作用。其次，就連自己也不是很清楚做出好結果的真正理由，所以也無法因此確立堅實的自信。既然如此，討論有沒有才能就跟討論迷不迷信一樣，毫無意義。

從這個角度來說，對「能力」的信仰與對「才能」的信仰都是只有百害而無一利。儘管如此，人們卻對這些信仰及迷信深信不移，這讓我感到非常遺憾。

對「能力」與「才能」的信仰，
終究只是評價而已。

評價會讓人喪失自信。
大家都知道這是一大問題，
但是說到「那可以不要評價嗎？」
所有人都沉默了。

但其實有個東西可以取代評價。
有個人給了我這方面的提示。

跨越優劣的分水嶺

不是我自誇，但我真的很擅長「臨時抱佛腳」。已經記不清靠著臨時抱佛腳拿過多少次高分了，但我不是對此感到自豪，因為讀過的內容完全記不住。「臨時抱佛腳」靠的是大腦的短期記憶，所以不到幾天我就會忘得一乾二淨。

因為可以靠臨時抱佛腳的短期記憶考高分，周圍的人自不待言，就連我自己都自以為已經充分理解了，但是這在學習上一點意義也沒有。

也有人認為為了判斷自己學到多少、成長多少，最好要評估自己實現目標的程度，這稱為「絕對評價」。但我對此也抱著保留的態度。如果是田徑那種具有明確標準的運動，倒也不是毫無意義，但是如果太在乎勝負，將無法滿足於絕對評價，無論如何都會開始在意起與他人比較的「相對評價」，不是嗎？

更何況，根本沒必要對畫家或音樂家、小說家、廚師、科學家這類從事創意工作的人排名吧。究竟有何必要讓他們因為無聊的排名而產生自卑感、喪失自信呢？

「評價」只會削弱人類活動的多元化，限縮人類成長的可能性。「評價」會讓人類的學習變得貧乏，從而產生對「才能」的迷信，讓人喪失自信。而能力比較低的人會被視為懶惰蟲或邊緣人，陷入不幸。因此可以說：「評價只有在激勵和鼓勵人時，才是好的，否則一點好處也沒有。」

這雖然是任何人都能心服口服的結論，但我個人覺得這樣太無聊了，就我個人的意見，我認為相對評價和絕對評價都沒有必要，更重要的是自己做那件事的時候開不開心。

「測試」這個名詞的語源是拉丁文的「testum」，意指鍊金術師分析礦石的成分時使用的陶壺，後來演變成用來管控產品品質的測試。從這個字的構成來看，測試可以說是「人類與工業產品無異」這種想法的象徵。

考試過去是主流，如今也在各種不同的場合有著大大小小的測驗，但我認為考試已經跟不上時代了。

因為再怎麼忍耐去做不喜歡的事，再怎麼因為別人說你考試成績不好而埋頭苦讀，也無法解決任何問題。在人工智慧的「能力」遠比人類優秀的時代，勉強自己學習的知識一點也派不上用場。

相反的，我認為人生只做「因為很開心，怎麼也不會膩」的事會比較充實。就算比別人差也沒什麼好羞恥，因為唯有樂此不疲的事才能豐富我們的人生。每個人的學習速度不同，這絕對不是什麼「優劣」之分，而是「個性」差異，只要搞清楚這點，做自己喜歡的事，這樣就夠了。

雖說不需要評價，但是沒有任何評價真的可以嗎？就沒有什麼類似評價，卻不會讓學習變得無聊，而是讓學習更快樂、更充實的東西嗎？

於是我為了尋找可以用來代替評價的東西，踏上旅程，在旅途中遇見被譽為「二十世紀最具影響力的美國人」的美國作家戴爾·卡內基（Dale Breckenridge Carnegie）。

他在暢銷全球的著作《如何贏得友誼，影響他人？》（*How to Win Friends and*

Influence People，一九三六）中提到了人際關係的重要原則，其中有一句話帶給我很大的啟示。

> Give honest, sincere appreciation.
>
> 真心誠意地欣賞對方的優點。（※本書作者譯）——戴爾・卡內基

他在書中屢次重複「欣賞」（appreciation）這個關鍵字，這個單字的意思是「正確地理解某個人或物」，這個字看待的角度十分溫暖，帶著對對方優點的理解與讚美。翻開字典，動詞「appreciate」同時具有「欣賞」及「感謝」兩個意思，已經告訴我們這兩個意思之間密不可分、難以分割的關係。例如鑑賞藝術作品時，並非只是心不在焉地看著，而是要深入理解藝術家的意圖及表現技巧，仔細了解箇中的美好與魅力。這麼一來除了作品本身，其感情也會延伸到藝術家本人，自然而然地產生尊敬的意念，最後還會湧現「謝謝你創作出這麼美好的作品」的感謝之情。

也就是說，「欣賞」指的是當你接觸某事物時，因而湧上心頭的所有情緒與產生情緒的一切過程，也可以說是把焦點從關注「存在」變為「感謝所有的存在」的態度。

我認為「欣賞」才是讓學習變得快樂、充實的關鍵，而這也終將成為對學習之人最大的鼓勵。

欣賞會讓學習者細細品味這個世界的有趣和不可思議之處，徹底感受到世界萬物的存在是多麼不可思議、多麼值得感謝。同時，欣賞也讓學習者周圍的人理解到，光是學習本身過程，就是一件多麼獨特、了不起、意義重大的事。而這兩種欣賞態度都會讓學習者受到莫大的鼓舞。

任何人受到欣賞都會覺得很高興，產生想要更努力的心情；而欣賞別人的人大概也會覺得對方是值得感謝的存在，益發產生親愛與感謝的心情。倘若自己能以欣賞對待對方，對方肯定也會欣賞你。若能感受到彼此互相欣賞的心情，一定會感到非常幸福。我深信要是全世界的人都能以這種心情看待其他人，就不會再產生紛歧了吧。

再偉大的藝術作品，如果沒有人欣賞（也就是沒有「理解的人」），就無法產生意義和價值，總有一天會被忘得一乾二淨。這點不只是藝術，工藝及學問、生產等服務也一樣。正因為有欣賞的人，創作者才能受到鼓勵，製造出更好的東西。說的誇張點，人類文化是由於「欣賞」才得以蓬勃發展也不為過。

優秀的「創造者」往往也是優秀的「使用者」、優秀的「理解者」，這並非偶然。

豐富多樣性的人類彼此互相尊敬、推崇、友愛的支持對方，我們的創造力才會越來越茁壯成長。

如果我要打造一個新的學習場域，我希望是充滿欣賞的場域。絕不再讓名為評價的手術刀冷冰冰地傷害孩子們，把他們切成碎片，讓他們意識到自己的弱點，為此喪失自信，而是灌注名為「欣賞」的尊重、敬愛與感謝，讓每個人與生俱來的潛力都能開花結果。如今我正在思考這一點。

與其用單一的標準來衡量結果，
不如從欣賞的角度去關注想法本身，以及整個創作過程即可。

這種態度不僅會激發出對成果的尊重，
也會讓人愛惜、感謝做出成果的人。

欣賞將變成動力，
讓人勇於展開新的挑戰，再創造出新的欣賞。
這麼一來，就能創造出認同多元價值的社會。

我打從心底盼望學習的場域
不再是透過評價讓人喪失自信的場域，
而是欣賞彼此的多樣性，為彼此帶來勇氣的場域。

I + E = M

書店裡充滿溝通力及問題解決力、決策力、企畫力、寫作力等各種與能力有關的書。

不僅如此，「掌握人心術」或「反敗為勝的談判術」等教人如何巧妙地控制對方的書往往都是暢銷書。就連電影院也充斥著擁有超能力的英雄大展拳腳的電影，而且叫好又叫座——總之，大家都是能力的信徒。

在這種情況下，再怎麼大聲疾呼用學力評量孩子、逼他們學習的學校是造成霸凌及拒絕上學的罪魁禍首，人們或許也不當一回事。想當然耳，他們也認同霸凌或拒絕上學不好，但是提出的對策全都是「頭痛醫頭、腳痛醫腳」的治標不治本，若想從根本解決問題、對症下藥，就得重新審視教育制度。

這是因為很多人都認為「用能力來評價一個人是社會的現狀，因此我們必須培養能在這種環境下生存的人類」，或者認為「比起沒有能力的人，更應該由真正有能力的人來擔

任重要的職位，所以我們應該更認真地推行能正確提升能力的教育」的人也不少。

另外也可以聽見「難道還有其他更公平的作法嗎？」的聲音，主張「現在的能力評價及學校教育制度雖然稱不上盡善盡美，但也比其他方法好一點」，或許也是多數人的主流意見。

提到能力與社會的關係，有種觀點認為「一個人的社會地位不是與生俱來的，而是取決於能力」。

這種社會稱為「菁英體制」（meritocracy）。英國的社會學家麥可．楊恩（Michael Young）在以近未來為舞臺的科幻小說《菁英體制的崛起》（*The Rise of the Meritocracy*，直譯，一九五八）中首次提到這個名詞，使得「菁英體制」變得廣為人知。這本小說是以一個靠智商及努力來決定一切的菁英體制社會為舞臺，最終結局是民眾推翻了高高在上、不了解民眾在想什麼的領導者們，建立了新的社會機制。然而，如今菁英體制已是普遍的用語，意思是「一種根據能力而非出身來選擇統治者的制度」。

英國勞動社會學家約翰．戈德索普（John Goldthorpe）在《菁英體制的各種問題》（*Problems of 'Meritocracy'*，直譯，一九九七）一書中，說明菁英體制包含以下三種要素：

第一個要素是「人不應該因為職業、出生地、家境富裕與否而受到歧視。只要有才

華、夠努力，任何人都能出人頭地」。簡單說，就是「機會的平等」。

過去大部分的社會中，社會地位通常取決於家世背景，亦即由貴族階層統治的社會為主流，名為「貴族政治」（aristocracy）。在貴族政治下，只有貴族能參政，一個人能從事的職業通常由身分決定。而與貴族政治相反的是「人人平等」的主張，強調機會平等是其特徵。

第二個要素是「根據每個人的能力公平地提供教育環境及機會」。光看這句話，可能以為很公平，但背後其實隱含著「給予更有能力的人更好的教育」的目的。

目前在結合教育與科技的「教育科技」（EdTech）領域，利用人工智慧自動提供最適合每一位學習者內容及方式的「自適應學習系統」（Adaptive learning system）在世界各地掀起大流行，可以說這項技術就是上述概念的體現。

順帶一提，楊恩的小說裡把人類的實力稱為「優勢」，並定義「實力」（Merit）是「智力」（Intelligence）加上「努力」（Effort）的總和，亦即I＋E＝M。小說中利用高度進步的智力測驗和適性測驗，基於「I＋E＝M」這條公式決定人生走向。

他將小說背景設定在反烏托邦的近未來，但是看到現在開發出越來越多利用圖像辨識或感測器技術來分析學習者的行為，並將其反映在教育上的科技，藉此提供更好的教

育。我實在很難說這本小說只是「架空的故事」。

第三個要素則是「重視成果」。在我們的社會中，每個人的地位及報酬是不同的；菁英體制則「只承認成果的差距，除此之外不承認其他差異」。

以上三種要素「機會平等」、「依能力學習」、「重視成果」構成的菁英體制，讓依成果決定地位及報酬的平等主義在近代廣泛在世界各地流行。此外，「唯有所有人都活在菁英體制之下，才能讓社會順利運作」的想法也同時深植人心。

我曾經相信「只要有心，努力是任何人都能辦得到的事。因此只要大家一起努力，最終都能提高自己的能力；只要大家都提升了能力，大家都能獲得更高的地位與報酬，並獲得幸福……」。

正因為連學校也全面走上了菁英體制的路線，因此學校主張「提升成績」時，也意味著「成為具有能力，經濟上能自立的人」以及「成為社會的支柱、獨當一面的良好公民」。由此可知，學校不僅是培養「學力」的訓練所，還是強化菁英體制的大本營。

雖然相較於由貴族統治社會的「貴族政治」或大財閥以金錢控制社會的「金權政

治」（plutocracy），感覺菁英體制確實好一點。但我認為也差不多該放棄「菁英體制」了。因為聲稱「只要努力，人人都能做到；只要努力做到最好，人人都能得到幸福」的平等主義根本是在「畫大餅」，別說這種社會根本不可能實現，反而導致社會越來越不公平，才是真實的現狀。

我想斬釘截鐵地告訴各位：菁英體制非但不會使各位得到幸福，最後甚至讓我們生活在一個普遍不快樂的社會。

「社會地位的高低，取決於人的能力高低。」
做為一種消除不平等的手段，
菁英體制主張「機會平等」，
已經廣為社會大眾接納。

就算有人覺得哪裡怪怪的，
也會覺得就算這不是最理想的狀態，
也比其他社會體制好得多。

為了挑戰這個觀點，我展開了真正的冒險。

就算提升學力又如何？

前面已經提過，隨著進入工業社會，「人類的機械化」越演越烈，也開始用「能力」與「成果」來評價人類。機器再怎麼發達，人類還是具有競爭力的原因，在於人類會藉由持續學習來不斷地提升自己。

然而這也快要迎來尾聲了，因為「機器的人工智慧化」接下來將以迅雷不及掩耳的速度持續發展。

人工智慧化的機器，也就是所謂的「機器人」會自我升級。因此就算是人類要花一輩子才能學會的高度複雜技能，機器人只要一瞬間就能學會了。

換句話說，人工智慧是能力學習的極致，所以或許也可以說是「菁英體制的終極武器」。

人工智慧的性能原本就高於人類，如果人工智慧還能不斷自我升級，那「機械化人類」最終也只能臣服於「人工智慧化的機器」腳下。

這個事實給了我靈感。「……等一下喔。當身為『菁英體制的終極武器』的人工智慧，進入到各式各樣的領域時，菁英體制是不是就結束了？」

假如人工智慧成為菁英體制中最優秀的工作者，那麼人類再怎麼努力也無法與之匹敵。如果是運動比賽，人類之間彼此競爭還有意義，但是在職場上，人類很快就會被人工智慧取代。人工智慧會迫使人類工作者全面退場，因此人類在菁英體制下的工作，已經快要沒有意義了。換言之，「人類的機械化」將到此為止。

我們經常可以聽到這些意見：「不需要人工智慧視為人類的對立面，只要和平共存就好」，但是在「共存」這個字眼中，還是能聽出是以「人類繼續工作」為前提。然而，人類像過去那樣工作已經快要沒有意義了，所以我認為人類臣服於人工智慧絕不是一件壞事，人類反而能因此擺脫「勞動」的壓力，這不是很好嗎？

仔細想想，是否可以認為人工智慧的出現是為了終止菁英體制呢？換句話說，人工智慧既是「菁英體制的終極武器」，或許同時也可以說是「菁英體制的終結者」？

MERITOCRACY...
菁英體制……

我們不應該繼續採取「努力勤奮」的工作方式。不僅如此，學校更應該走在時代的最前端，立刻停止把孩子們培養成「努力勤奮的勞動者」的教育。拋開塑造菁英體制的「能力信仰」，停止進行「能力的評價」。我認為這才是能開創未來的關鍵。

然而，試著想像「沒有評價的世界」、「不再需要無意義努力的世界」時，我的腦中第一時間發出了以下的聲音：

「怎麼可以！萬一讓能力不好的人待在責任重大的職位上，豈不是糟糕了嗎？沒了考試，大家肯定都不努力，變得自甘墮落。這麼一來世界就完了！」

看來就連我也無法擺脫這種想法。

「人類是無論如何都需要評價的生物，會在無意識的情況下評價世間萬物，這是人類與生俱來的本性。『沒有評價的世界』根本是白日夢！」這句話一直迴盪在我的耳邊。我覺得這也證明我還侷限在過去的常識框架裡。然而，因為我一直在思考這件事，如今我已經確信「沒有評價的世界」並非白日夢。

正因為我們正置身於菁英體制的社會，才會在不知不覺中對世間萬物做出評價，但也不能因此就說這是人類與生俱來的天性。

以學校為例來思考好了，學校的老師必須每學期給學生「評分」，但他們比誰都清楚「評分」其實毫無意義。

一位教育界大師到某間學校參觀，看到孩子們積極地參與互動學習時，質問班導師：「這不是只是讓學生玩而已嗎？這能讓他們提升學習能力嗎？」聽說有些老師甚至會因這種質疑而辭職不幹了。這真是太罪孽深重了！

假如我是那位班導師，我一定會一眨也不眨地看著這位大師，對他說：「老師，請恕我直言，讓活生生的人類拼命提高『學力』又有什麼用處呢？」

評分失去意義的時代，已經來到眼前了。

主動想成為「優秀的機器」的人類，
遲早會被菁英體制的終極武器「人工智慧」所取代。

然而，比起害怕這一天的到來，
還不如視人工智慧為「菁英體制的終結者」，
幫助人類擺脫機械化的工作。

以上是我對人工智慧的看法。
這也為學校的教育帶來改變的契機。

把不同的點連起來

我小時候很擅長心算，因此大家常誇獎我「聰明」。「計算能力」曾經被視為人類最優秀的能力之一，但是到了電腦普及的現代，若說「計算能力對人類已經沒有那麼重要了」，大概也沒有多少人會反對吧。

同樣地，我認為現在大家認為應該要在學校習得的「學力」，例如豐富的知識或邏輯思考能力，在接下來的時代可能已經沒那麼重要了。因為隨著人工智慧越來越普及，這些能力將不再重要。

問題是，現在的學校只有提升「學力」的課程，所以未來的孩子們，到底該從學校學些什麼才好？

我以前也相信「只要提升自己的能力，就能得到幸福」，一路努力到現在。事實上，我認為自己在菁英體制的社會中也算是處於上層，但我並沒有因此而得到幸福。我總在內心深處害怕著不曉得什麼時候會從現在的位置跌下來，「我不想掉下去！」

「這種誰也得不到幸福的信仰到底是怎麼回事？我們是為了誰而相信的？」我忍不住想大聲吶喊。然而與此同時，另一個「我」以不容置疑的口吻對我說。

「可是大家不是說只要擁有能力或技能，未來肯定會很有幫助嗎？人工智慧畢竟不是無所不能，人工智慧再發達，人類的工作也不會消失吧？人是透過幫助別人而感到喜悅的動物，培養能幫助別人的能力有什麼不對？」

對此，我是這麼回答的：「我覺得你說的也很有道理。可是啊，就算周圍的世界一點問題也沒有，將社會做為一個集合體來看時，卻是糟透了。基於『培養能力是為了幫助別人』的理念而努力的人，一旦意識到『自己幫不上忙』的瞬間，就會變得一蹶不振。假如情況變更糟，可能會因為『自己是個沒用、毫無用處的人』而自責，甚至變得萬念俱灰——這就是所謂的『悲觀主義』（Pessimism）。當世界充滿悲觀主義，社會就會趨於不幸。」

籠罩在悲觀主義下的世界，說是最不幸的世界也不為過。因為絕望的心會變得僵硬不已，這樣的人雖然活著，也跟死了沒兩樣。

另一個「我」繼續對我說：「或許是那樣沒錯，但大家不是都說『世上無難事，只

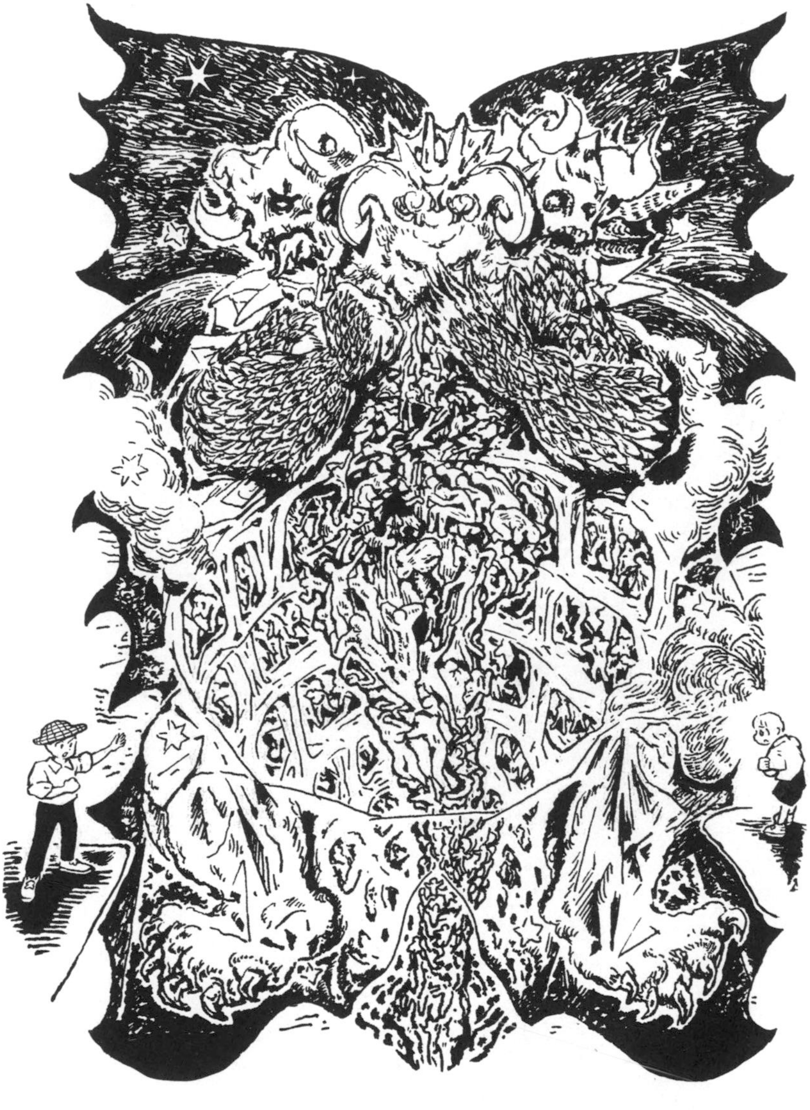

怕有心人』，或是『吃苦當作吃補』嗎？」

對於這個問題，我是這麼回答的：

「如今的社會不容許『不努力提升能力的人』存在。我們一方面羨慕能力比自己好的人、輕視能力不如自己的人，一方面對能力與自己不相上下的人施加『不可以掉以輕心』的壓力。像這樣無時無刻、戰戰兢兢活在別人評價中的社會，實在太憋屈了。不覺得那種動輒得咎的感覺很討厭嗎？所以我敢大聲說：『菁英體制是不好的。』」

我會大肆批判「能力信仰」與「菁英體制」，認為必須建立一個超越菁英體制的新的社會制度，原因有以下五點：

1. 把「玩樂」的概念從「學習」中獨立出來，導致「玩樂」和「學習」的涵義都變得乏善可陳
2. 「能力」或「才能」的概念是讓人失去動力與自信的原因
3. 「能力信仰」及「菁英體制」是讓孩子不想上學的原因
4. 陷入不必要的悲觀主義，創造出許多不快樂的孩子
5. 絕大多數人的工作，最終都將被人工智慧取代

菁英體制以一種極為巧妙的方式，讓人不斷吞下包裹著「善意」的糖衣，其實暗藏著悲觀主義、「自我負責」的毒藥。喝下毒藥的人會因此被逼到無路可退的死胡同裡。因為「責任在自己身上」，不能怪別人，所以只好自己責備自己、討厭自己，最後陷入悲觀主義的漩渦，墜落無間地獄。這是非常可怕、沒有盡頭的不幸。

由於這是個絕對逃不出來的地獄，就連世人眼中能力十分優秀的人，也隨時提心弔膽著不知道什麼時候會落入地獄。因此，直覺感受到危險的母親，在保護孩子的母性本能驅使下，便會一直嘮叨剛放學回家的孩子：「功課做了沒？一定要寫喔！」「考試成績不好的話，就考不上好學校，將來吃苦受罪的可是你！」「襪子脫下來就要馬上放進洗衣籃裡！」

如此一來，擔心孩子落入地獄的母親們，就成了被孩子嫌棄不已的「嘮叨的母親」。

無論是嘮叨又囉嗦的母親，還是戰戰兢兢、提心弔膽的孩子都很不幸……。我們到底該怎麼逃出這個死胡同呢……？

這裡我只能說，一心想贏過菁英體制，反而無法超越。

英文有一句話是「Thinking outside the box.」，意思是「採取截然不同的新觀點，跳出框架思考」。我們在無意識的情況下活在名為「常識」的箱子裡，所以要先意識到「自己待在箱子裡」，再走出箱子，從外面觀察那個箱子。這麼一來，一定能發現新的點子。我們需要的正是這種心態。

思考這個問題時，我遇到了最適合用來說明這個觀點的例子，那就是「九點連線」（Nine Dots Puzzle）。據說，這是來自美國知名的遊戲設計家塞繆爾・勞埃德（Samuel Loyd）的《塞繆爾・勞埃德的數學謎題百科》（*Mathematical Puzzles of Sam Loyd*，直譯，一九一四），這個謎題要求玩家用四條以內的直線連起九個點，過程中筆不能離開紙面，也不能重複畫在同一條線上。

這個謎題設計得相當巧妙，光是盯著九個點看一定答不出來。可是只要稍微擴展一下視野，就能如左頁圖所示的解開了。除此之外還有許多解法，但無論怎麼解，都必須把線條遠遠地拉出由這九個點所製造的「箱子」之外。

「把不同的點連起來」就是答案，也就是接觸各種不同的人與世界，意味著我們要以白紙一張的狀態，與自己想法及文化、思考方式都完全不一樣的人們交流。

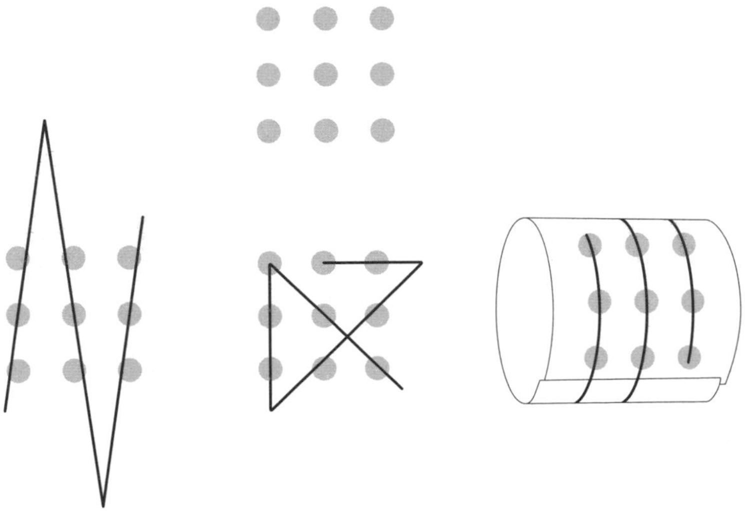

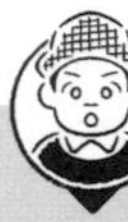

這真是前所未有的想法啊……受到這個啟示，我又試著思考「取代菁英體制的社會是什麼樣子？」。我該怎麼提出新想法呢？如果是這一題，要怎麼「以宏觀的角度來畫線」呢……。

美好而偶然的相遇、意料之外的發現稱為「機緣巧合」（serendipity），而「把不同的點連起來」的時候，很容易引發機緣巧合。換句話說，也很容易得到超越過去常識的發想或看待事物的全新角度。

持續進行上述的舉動，腦海中漸漸

就能浮現出超越菁英體制的新世界了。不，倘若每個人都能主動出擊，我深信就能創造出一個取代菁英體制的新社會制度。

在旅行途中，有幸遇到各種人事物，而且全都是事先意想不到的邂逅。這樣的機緣巧合，大概是我們之所以踏上旅程的理由吧。

總結

Q 為什麼我們需要提高「學力」？（大人為什麼都要小孩「好好讀書」？）

孩子不得不以無聊又枯燥的形式學習，原因在於父母親希望孩子這麼做。這背後其實是基於「能力」的概念，父母認為孩子如果不提升能力，就無法獨當一面。換句話說，「提升能力就能得到幸福」的能力信仰，正是非得提升學力不可的主要原因。

於是我產生了「話說回來，能力是什麼？」的疑問，開始探索為什麼會產生能力這個概念，從而得知法蘭西斯・高爾頓因為受到達爾文的進化論及孟德爾（Gregor Mendel）的遺傳學衝擊，提出研究人類個人差異的「優生學」，進而開始研究測量人類能力的學問，其中又以「智商」為代表。

智商（IQ）原本是用來找出智能障礙的兒童的測驗，卻被濫用在評價人種及民族的優劣，只為了正當化帝國主義的殖民地政策，後來又被用來篩選勞動者，並用以鼓舞勞動者的士氣。隨著時代演進，能力逐漸被視為社會的通用貨幣，人們開始認為「必須提升能力才能得到幸福」、「有志者事竟成」，能力成了信仰。

而學校扮演的角色無異於鞏固了這種能力信仰。為了提高孩子們的能力，逼迫他們拚命讀書，「要保護孩子，提供所有孩子自由、平等受教育的機會」的理念，反而剝奪了他們自由學習的機會，並認為一切都是自己的責任，就算受到歧視或不平等的對待也是沒辦法的事。

當我理解了「能力」及能力信仰誕生的背後邏輯後，我開始對能力本身產生疑問，進而發現能力無疑是個既無實體、也沒有意義的概念，得出「能力只不過是結果論，只是相對評價」的結論。

能力不過是信仰，而運氣或才能也只是迷信。儘管如此，為什麼還有許多人抓住這點不放呢？為什麼基於能力、運氣或才能給出的評價及測試一點意義也沒有，還是有那麼多人為此歡喜憂傷呢？接下來的時代已經不需要這些東西了。取而代之的是帶有「欣賞」的鼓勵就好了。

以上就是我的結論。

Q 為什麼長大後的我們，很難保持如孩子般的純粹熱情呢？

這個狀況是由於現代社會的基本架構——菁英體制認為「能力決定社會地位」。工業革命後，人類變成了生產線的一部分，被當成機器看待，人們也因此主動產生想變成更優秀的機器的想法，導致「人類的機械化」越演越烈。再加上這也符合自資產階級民主革命以來，大力提倡的「自由與平等」理念，從而創造出了菁英體制。

菁英體制有個很大的問題，那就是「無法達成績效的人將被邊緣化，導致社會越來越分化」。了解到這點之後，我感到非常沮喪。因為菁英體制具有要求人們「自我負責」的性質，認為掉隊的人是因為自己不夠努力，所以也沒辦法，因此光靠表面措施的改善，無法解決整個社會的分歧。

不管怎樣，我已經明白是「能力信仰」與「自我負責的信念」形成了菁英體制，導致社會陷入分化、不幸的深淵。我還發現學校會加強這種信仰，導致學校教育如此貧乏。

能夠解決這個問題的新世界會是什麼樣子呢？為了找出解決之道，我決定把視角拓寬，深入地挖掘問題。

第 4 章

展開探索

EXPLORE

為什麼不能做自己喜歡的事？

為什麼我們不能做自己喜歡的事就好？
話說回來，為什麼一定要努力？
是為了自己，還是為了別人？
「成為有用的人」又是什麼意思？

我連這麼基本的事都懵懵懂懂，
在沒有明確目的地的情況下，
在黑暗中踏上了旅程。

然後，在旅途中迎來一個巨大的發現。

車輪的「無意義」

前面提到，之所以要求孩子們在學校學習、提升能力，是基於「為了成為一個有用的人、成為社會的一份子而生存」的理由。但是努力培養能為社會做出貢獻的能力，反而導致了社會的亂象。既然如此，任誰都會產生「那我為什麼要這麼辛苦學習？」吧。為了思考這個簡單的問題，我認為應該要挖掘出根本的問題。

首先，什麼是「有用」？什麼又是「沒用」？如果是「對自己有沒有用」的判斷還好理解，但是「對社會有沒有用」究竟是誰、根據什麼標準下的判斷呢？

關於這點，我想介紹一件藝術作品給大家，那就是法國藝術家馬塞爾．杜象（Marcel Duchamp）在一九一三年發表的作品〈現成的自行車輪〉（*Bicycle Wheel*）。杜象在一生中發表了許多具備嶄新概念的作品，被譽為是二十到二十一世紀在美術界最具影響力的藝術家之一。

◆

我首次知道這件作品是造訪紐約現代美術館（MoMA）時。這件作品在所有的陳列品中大放異彩。我起初也只覺得「真是一件奇妙的作品啊」，但不知為何卻被深深吸引，然後我仔細閱讀杜象的生平、作品的解說，再次將視線落在那件作品上。

作品名稱為〈現成的自行車輪〉，看起來藝術家只是把自行車輪倒立在圓板凳（椅子）上而已。這也算作品？有什麼「意義」呢……？我一直盯著那件作品看，覺得輪子好像隨時都要轉動起來。

「嘎啦嘎啦嘎啦嘎啦……」

咦？書本中的輪子真的轉動了？正當我懷疑自己的眼睛時，我又再次被那道白光吸進去了。

那是個純白的長方形房間，房間所在的建築物是以直線為基調，被黑色玻璃包圍的建築物，有種輕巧又不失厚重的神祕感。我的眼前孤零零地擺放著那件〈現成的自行車輪〉。旁邊有個穿著細條紋襯衫和黑色夾克、打著黑色領帶，頭髮整個往後梳的紳士也盯著轉動的輪子看。

「你喜歡這件作品嗎？」

居、居然是杜象本人！

看也不看目瞪口呆的我一眼，他只是目不轉睛地凝視著輪子，邊把手伸向輪子邊對我說：「如你所見，這件作品既不能當椅子坐，也不能當自行車騎，沒有絲毫用處。換句話說，這個物品的存在沒有任何意義，你不覺得嗎？」

我越看越覺得真是個奇妙的物體。只有輪子轉動的聲音嘎啦嘎啦地迴盪在空氣裡。

「原本應該用來載人，在地面上轉動的輪子被拋向了空中，原本是為了讓人坐著、支撐身體的椅子卻被輪子佔據了，呵呵呵。」他喜形於色地說著。

「自行車也好、椅子也罷，舉凡我們身邊的東西都是因為『有用』而存在，亦即所

杜象〈現成的自行車輪〉

（資料來源）Photo Credit: Toohool, Public domain, via Wikimedia Commons https://commons.wikimedia.org/wiki/File:Bicycle_Wheel.jpg

謂的『功能』。所以每件事物只會在它應該在的地方。」

他撫順用髮臘固定住的頭髮，慢條斯理地接著說下去。

「我就是要故意忽視這種『每件事物只會在它應該在的地方』的想當然，把事物擁有的意義破壞殆盡。」

他從口袋裡拿出一張紙，開始朗讀：「那是發生在一九一三年的事。我把自行車的輪子裝在廚房裡的椅子上轉動著玩。看著輪子轉動，我感覺很平靜，就像看著壁爐裡燃燒的柴火。」讀完，他又伸出手來轉動轉子。「轉動輪子讓我覺得很快樂，這就已經夠有用了。」

隨著轉動輪子的速度越來越快，輪輻的殘像看起來越來越模糊，直至消失不見，直到動能降低，轉速變慢，才又浮現眼前。他說這個輪子讓他的心靈非常平靜。

原來如此，他該不會是想藉由這件作品來叩問「有用是什麼意思？」、「什麼是物體所擁有的意義？」吧……？這件作品在「有用」或「方便性」上沒有絲毫價值，但是在「沒有意義」這點上又賦予我們「發現沒有意義的意義」……！

「只要人活著一天，就一定有所謂的意義。所以這個輪子也一定存在著意義喔。」

他繼續轉動輪子。

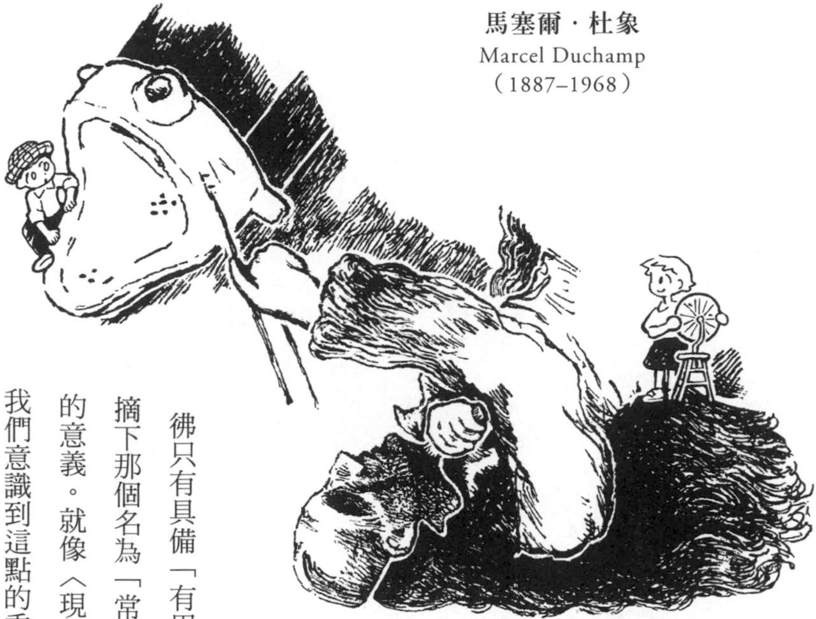

馬塞爾·杜象
Marcel Duchamp
（1887–1968）

「『通過丟棄過去累積的東西，從而產生全新的思考方式』是關鍵。你不妨仔細想想。」

回過神來，我依舊坐在平常的椅子上，手裡拿著藝術書。回想起那張不能坐的椅子，我忍不住頻頻地觀察自己的椅子。

◆

我們隨時都在思考事物「存在」的意義，彷彿只有具備「有用」或「方便性」等價值時才有意義。假如你摘下那個名為「常識」的濾鏡，純粹欣賞事物本身，就能發現新的意義。就像〈現成的自行車輪〉那樣「無意義的物體」具有讓我們意識到這點的重大意義一樣。

「丟棄過去累積的認識，從而產生新的思考。」杜象先生這句話後來一直迴盪在我心深處。

杜象先生只用一件直觀的藝術作品，就表現出用言語表達可能要講上一整本書的內容。用藝術來表達這種哲學性思考的人，杜象先生可以說是史上第一人。

否定「沒有意義」之後接的其實是大大的肯定——「正因為這樣才有意義」。採取「破壞與捨棄」的破壞性態度之後是「因此必定能產生新東西」的創造性態度。這件小小的作品強而有力地訴說著規模如此宏大的訊息。

從這個觀點來看，「有沒有用」的判斷標準及價值標準不過是眾多標準的其中之一。「有用」的標準不一而足，我們要做的是從中找到意義。理解到這一點時，我感覺恍然大悟、茅塞頓開。深深地感受到這種感覺在探索接下來的問題時非常重要。透過真實體驗獲得的想法能夠不被常識困住，有利於繼續提出好問題這點，非常「有用」。

與此同時，我也意識到人類實在很難擺脫尋找「有用」和「意義」的習性。

一點用也沒有、無意義的輪子，
卻透過「沒有意義」這點，
告訴我們「找出意義」的意義所在，
說穿了，還是「對我們有用」。

仔細想想，有沒有用通常只是從單一的標準來看。
這實在是一種相當貧乏的看事情的角度。

能從中找出新的意義，
其實是我們人類所具備的可能性。

無用之用

思考杜象先生的〈現成的自行車輪〉所蘊含的涵義時，我想起古代中國的一句話：「無用之用」。於是我又開始研究這句話的起源，也就是中國思想家戰國時代的莊子〈人間世〉篇（西元前三百年左右）。

◆

閱讀「無用之用」的前後文，思考「無意義的意義」時，不知不覺夜已深了。

正當我手裡拿著這本書打瞌睡時，有隻蝴蝶輕盈地飛落在我面前。不知不覺間，眼前變成了一片花海。蝴蝶圍繞著花朵翩翩飛舞，看起來無比地快樂。看著看著，我不禁忘了自己是誰。我在夢裡變成了一隻蝴蝶。

然而，當我好夢正酣，突然醒了過來。我還是我。

剛才的蝴蝶大概是我做夢夢到的吧。

還是我出現在蝴蝶的夢裡呢？

花帶給蝴蝶什麼呢？

還是蝴蝶帶給花什麼呢？

當我怔忡地思考著這個問題時，空中突然出現小小的光點。那些光點一點一滴地開始擴散，點連成線，又變成文字。

「人皆知有用之用。而莫知無用之用也。」

就在我覺得這段文字與之前讀到的東西有著異曲同工之妙時，不知從哪裡隱約傳來一把老人沙啞的聲音。

「人人都知道『有用』的用處，卻不知道『無用』的用處。你明白這句話的意思嗎？」

人只會從狹隘的眼光來判斷「有沒有用」。乍看之下沒有用的東西其實非常有用的案例在所多有，人們卻連看都不看一眼。我記得是這個意思。

剛才的聲音彷彿越來越大聲。

「用黏土捏製陶器時，裡頭是空心的，所以才能當成容器使用；建造房子時一定要開門或開窗，正因為裡頭是什麼都沒有的空間，才能當成房間使用。也就是說，正因為

莊子
（西元前369年～286年）

什麼都沒有，有形的東西才有用。懂了嗎？」

換言之，有沒有用取決於看事情的角度，世上其實沒有任何無用的東西。

我們總是用短視近利的角度來判斷好壞。明明可以從更寬廣的角度來看事情，一旦判斷為「沒有用」時就不去看所有的可能性，輕易地捨棄、迅速地停止思考。

「你生活在什麼樣的世界呢？」

現在的我們一心追求效率及合理性，視浪費時間為大敵；對真正不該浪費的一切卻視而不見……啊，不行不行，不小心太憤世嫉俗了。

總而言之，重點在於換個角度看事情。跳脫常識的框架，用新的眼光來看待。聽說這在心理學上稱為「重新架構」（reframing）的技巧，我認為這種態度在建立全新的時代很重要。從這個角度來說，我們應該在架構中積極地「浪費」或「留白」比較好對吧，莊子老師。

看不見對方的身影，但我確信聲音的主人就是莊子。他沒有對我的回答給予任何回覆，反而問我：「世上能用這種角度看事情的只有人類。」

沒錯！只有人類能重新架構事物，從中找出新的意義，這點是動物和人工智慧都做不到的事。這才是人類的使命。也就是說，我們在接下來的時代所要做的不就是思考

「現代社會中有多少浪費及留白之處」，並且隨時都能重新架構嗎？

我好興奮，甚至忘了夜已深，情不自禁地從沙發上跳起來，又聽見聲音幽幽傳來。

「我今天什麼也沒教你，只是問了你幾個問題而已。」

說的也是。莊子老師只是問我幾個問題，讓我得以思考、覺察而已。老師就只是存在著，問我問題，卻沒有告訴我答案。

「我是『空』。不過，這也是『無用之用』。」

老師只留下這句話，就再也聽不見他的聲音了。

與『空』老師的對話，別說是答案了，就連新的知識也沒有傳授我半點……。有道理，或許老師的存在對我而言就像那些容器或房屋。也就是說，莊子老師的存在本身就體現了「無用之用」……

哇啊啊啊！

想到這點，我比剛才還要興奮，仔細消化莊子老師說的話，緩緩地闔上書本。

◆

莊子老師只用了「無用之用」四個字就表達出如此深奧的意涵，而且比喻得相當巧妙。優秀的哲學家或思想家都很善於用完全相反的方式，來形容隱藏在事物背後極為重要但也非常難以說明的事。有時，這是一種更好的說明方式。這或許是因為透過「反過來說」的表現方式，反而能讓接收訊息的人有重新架構的餘地，也就是所謂的「玩樂」。

這時，我不禁想起小時候父親講過的一句話。當時我還是小學生，有次回家時，父親正好在家，問我：「你回來啦！今天在學校學了什麼嗎？」

當我告訴父親今天學到什麼時，父親一臉嚴肅地對我說：「這樣啊，那真是太好了。不過啊，泰藏，你聽仔細了。學校的老師有時候也會說謊喔！不要老師說什麼你就信什麼喔！」

我大吃一驚地反問：「爸爸，你在說什麼呀，學校老師說的不都是對的嗎？」於是父親再次語重心長地對我說：「才怪，他們可會說謊了，別聽他們鬼扯！」父親身為大人，卻批評學校和老師，反而是身為小孩的我幫學校和老師說話，這實在太荒謬了。

由於父親說的話實在太奇怪了，在那之後，我在成長的過程中一直覺得很不可思議，「當時爸爸為什麼那麼說呢？」即使長大成人，這個疑問也一直縈繞在我心裡，直到我自己也開始從事與兒童教育方面的事務時，我終於恍然明白，才領悟到答案了。

「哦，爸爸當時肯定是這種心情吧。」

簡單地說，父親想表達的是「不要全盤接受別人的話，要養成隨時用自己的頭腦思考的習慣」。亦即「批判性思考」（critical thinking）的習慣。

然而，當時的我還只是小學生，就算說了我也不明白，所以父親才故意說反話：「學校老師說的話不可以盡信！」拜父親的忠告所賜，我直到現在依舊清楚記得這句令我大為震驚的話，從這個角度來說，父親表達得相當巧妙，讓我徹底地聽進去了。

我之所以能理解父親當時的苦心，是因為我看到孩子們，深深覺得「啊，這群孩子真的好可愛呀，可愛到我幾乎都要感動落淚了。我身為人生的前輩，究竟能為這麼可愛的孩子們做些什麼呢？我想告訴他們只有我才能說的，人生中真正重要的事」，我打從心底這麼想。

父親肯定也是反覆思考著「該怎麼說才能讓這孩子聽進去呢」，最後才選擇如此獨特的表達方式。

當我領悟到這一點的同時，也感受到父親對我的愛，忍不住淚流滿面。

無用的東西其實很有用。
提出「無用之用」這個概念的莊子老師
很擅長換個角度看事情，跳脫常識的框架，
並用新鮮的觀點反過來表達。

提出問題，進行對話。
會比單方面聽課的學習更深刻，
莊子老師是讓我發現這件事的恩人。

然後我又遇到了以更尖銳的角度切入，
在我心裡烙下深刻烙印的人。

惡人正機的剃刀

前面已經說過，在思考未來教育擁有的新意義，而身為教育的場域學校又有什麼新的意義時，必須超越以「自我負責」為基礎的菁英體制。

話雖如此，但也很難一下子說超越就超越，因此我個人認為要先從「告別能力信仰」開始。

具體而言，是要抱著「有沒有用端看看事情的角度，世上應該沒有任何無用的東西」這種「無用之用」的價值觀。換句話說，要看到「無用之物」，抱持著「世間萬物全都盤根錯節地相互影響，所以才會孕育出多彩多姿的世界」的世界觀。我相信這樣的生活會更有趣、更有意義，大家都能過上幸福的日子。

仔細想想，有沒有意義全都取決於人類。我們住在「有用才有意義，沒用就沒有意義」的世界裡，除非成為一個「有用的人」，否則這個世界非常難以生存。

然而，人們隨時都有可能變成「無用之人」，像是發生意外或生病的時候，就算沒有發生意外或生病，「老」也是每個人必經的過程。當自己變得「無用」時，如果還抱持著「沒用就沒有意義」的想法，等於是給自己烙上「沒有用處」的烙印。然而，一個某些人無法活得自由自在的世界絕不是一件好事。正因為如此，我堅信我們必須揮別這種毫無憐憫之心的信仰。

這時我想起了活在鎌倉時代初期到中期，一輩子都在面對生命之苦的佛教高僧親鸞。他深入觀察世上所有人類的生活百態，潛心鑽研佛教「超越一切苦難」的教義，提出「惡人正機」及「他力本願」的概念。據信，他向所有人大開原本只有佛教修行者才擁有的救贖機會的大門，為世間帶來深刻的影響，是足以代表日本的思想家之一。

◆

我翻開了《歎異抄》，書中寫下親鸞先生一度佚失的思想。我深深地被內容吸引住。那本書很薄，卻充滿了他的教誨，我在閱讀的過程中受到深刻的啟發。

針對人類的本性，他拎出「善人」與「惡人」這兩個單字，提出以下的說法：

「善人尚以往生，何況惡人乎。」然世人常謂：「惡人尚以往生，何況善人乎。」

意思是，連好人都能獲得救贖，更何況是壞人呢？然而世人卻說，如果連壞人都能得到救贖，好人更應該得到救贖。

什麼？我有沒有看錯？我不禁懷疑自己的眼睛。古往今來的聖人君子都說「好人可以得到救贖」，這才是一般的普世價值。他的言論卻正好相反，認為「壞人一定能得救」。

他到底在說什麼……會不會是我理解錯誤……？就在我瞪大雙眼，重看了好幾遍時，那道白光再次出現。

回過神來，我人已經在貌似古老寺廟的大殿裡，坐在一群僧侶的最後面。微風從寬敞的簷廊徐徐吹著。

有個年輕的僧侶正在問一個老僧侶：「所以上人的意思是說，壞人比好人更應該得救嗎？如果是這樣的話，那誰還要做好事、當好人啊？如果沒有人想當好人，這個世界一定會變得更悲慘的吧。」

年輕僧侶口中的「上人」肯定就是親鸞，那麼發問的年輕僧侶應該是《歎異抄》的作者——唯圓吧。當我還馳騁在想像中，親鸞上人眉飛色舞地對年輕僧侶說：「唯圓啊，你沒有好好理解『他力本願』吧。」

什麼？說到「他力本願」，我記得現在是用來表示「仰仗別人的力量」吧，但原本似乎不是這個意思。

「上人教過我，『他力本願』是憑藉別人的力量，也就是以阿彌陀佛的本願為依歸唄。」

親鸞上人點點頭說：「對呀。」但似乎有些不滿意，接著問旁邊的和尚。

「性信，那你認為『他力本願』是什麼？」（後來查過資料才知道，性信先生是親鸞上人的大弟子。和唯圓一樣來自常陸國。）

只見他面向唯圓，開始解釋：「阿彌陀大人發願解救眾生脫離『無明闇』，包含害怕死後世界的恐懼，擺脫無窮無盡的欲望，不再迷惘、不再徬徨。所以咧，『他力本願』就是仰賴阿彌陀大人的宏願之力得到救贖。」

也就是說，「他力本願」的意思是指「相信佛的存在，相信佛想解救所有人類免於苦惱的心願，並以此做為心靈的依歸活著」。依賴阿彌陀佛的力量，也就是所謂的「他力」，懷著堅強、明亮的感謝之意，好好地相互扶持過日子，不去一味地擔心「無明闇」。

「可是上人，這跟您剛才說的『好人』及『壞人』有什麼關係？」

唯圓先生初生之犢不畏虎地追問，我也有些慌張地看向親鸞先生。

「因為所謂的『好人』是懷抱著『我做好事』的信念，亦即所謂的『自力』就能得到幸福的人。但是我們怎麼能決定這是好事或壞事呢？所以那其實是一種自以為是，不是嗎？」親鸞先生輕描淡寫地回答。

「另一方面，所謂的『壞人』打從一開始就只能依靠『他力』。『壞人』才是阿彌陀佛應該要解救的對象不是嗎？」

說到這裡，親鸞先生問徒弟：「只有當你發揮全部的『自力』後，才能感受到『他力』，你曾有過這種經驗嗎？」換言之，為了真實感受到「他力」必須先窮盡「自力」，這也反過來證明了「自力」的重要性。

這時，親鸞先生的雙眼閃過一絲光芒，彷彿看透了包含我在內在場所有人的內心。

唯圓先生以飽含熱情的口吻回答：「哦，您的意思是說阿彌陀大人慈悲為懷，就連自以為是的『好人』也願意拯救，因此他無疑也會拯救從一開始就抓住阿彌陀大人這根救命稻草的『壞人』，是這樣唄！」

即使是行善積德，表面體面的人當中也藏著「自我陶醉」或「自以為是」的心情。我覺得這個思考真是太厲害了。

聽完唯圓先生的回答，親鸞先生接著說：「先有一個因，根據不同情況（緣），會產生意想不到的結果（果）。也就是說，認為是善舉而做的事（因）可能會帶來好的結果（善果），也會帶來不好的結果（惡果）。那些有所自覺不知道會帶來什麼結果的人，才是所謂的『壞人』。」

聽到這裡，唯圓先生又說：「我想起上人常說，我們無法獨自生活。正因為不知道與誰有什麼樣的緣分，才能與世間萬物建立不可思議的連結，活在這個世上。所謂的壞人其實是指對此深有自覺的人。可是上人……」

唯圓先生惴惴不安地說。

「聽了您說的話，我不禁覺得當個『壞人』好像比較聰明，心想反正阿彌陀大人無論如何都會拯救自己，就能放心地做惡了。」

我也覺得這個問題問得很好。親鸞先生泰然自若地點點頭，以更低沉的嗓音回答：「唯圓啊，那你去外面殺個一千人看看，看你是不是能得到救贖。」

唯圓先生驚訝得說不出話來。

親鸞

（1173–1262）

「話雖如此，我覺得你一定做不到。因為要行善還是作惡，不是你所能決定的事，而是命運（宿命）決定的。」

唯圓先生好不容易才能開口，他以無比悲壯的表情問親鸞先生：「上人的意思是說，我們人類既無法行善，也無法作惡嗎？如果是這樣的話，我們到底能做什麼？」

親鸞先生斬釘截鐵地對不知所措的唯圓先生和我說：「什麼也做不到。」

才沒有這回事！不可能什麼都做不到吧？我們平常不是做了很多自覺是善行的事，同時也努力不作惡嗎？正因為如此，即使都說這個世界很混亂，我們也努力地「盡力而為」不是嗎？他卻說「什麼也做不到」，簡直是豈有此理！我忍不住想如此反駁。

冷靜後想想，親鸞先生大概是想表達善或惡只不過是「事後對結果的評價」吧。我能理解，但是真的能打從心底接受這句話嗎？我的心跳得好快。

光芒再次出現，包圍著我，最後只聽見這句話：

「聽起來多麼動人的理念，也只不過是自以為是的想法。你能有此自覺嗎？」

♦

善與惡並非截然相反的兩個概念，相信「自己擁有想做好事的意志，而且堅決不做壞事」的人，其實是無可救藥的人，換句話說，反而才是應該得救的人不是嗎？我猜這就是親鸞先生的言下之意。

「做好事」的意志越強烈的人，也會強迫別人應該要行善，這麼一來，就會基於正義感逼問對方：「為什麼不做好事？」甚至產生「那些可恨之人必有可恨之處，是他們自作自受」的想法。讓親鸞先生來說，不就是「那還能說是善意嗎？」就像親鸞先生正拿一把鋒利的剃刀抵住我的喉頭般。

正因為親鸞先生的主張，傳統佛教非常反對他的思想，受到當時的當權者毫不留情的迫害。一二〇七年頒發念佛禁止令，他被流放到越後之地。親鸞先生從那個時候開始變得「非僧非俗」，打破僧侶的戒律，不但娶了老婆，還大口吃肉。

哇，親鸞先生原來是這麼 Rock 的和尚啊！

不過，在親鸞先生反問的表達方式中，還是能看到想拯救所有人的精神。他的意思是說，既然靠「自力」的「好人」都有得救的潛力了，「壞人」應該有更大的成長空間才是。這句話蘊含著多大的愛啊。

我了解這句話的真意時，真的感到一腔熱血猛然湧上心頭。跟杜象先生一樣，親鸞先生也在否定之後給予極大的肯定。親鸞先生這種思想被稱為「惡人正機」，理解到他真正的用意時，我們不得不面對他挖掘出的人類本質。但我仍覺得這是非常慈悲的思想，他認為最後「所有人都能得救」的胸襟十分開闊。

各種人類活動中，教育應該是心胸最開闊的活動。「教育」這個單字的意思是「教導、培育」，但我想換成「互相學習、互相培育」的「學育」二字。秉持著互相學習、互相培育的態度，絕不可能心胸狹窄。無論何時、無論何地，沒有學不到任何東西的對象。只要擁有想學習的好奇心和想成長的心情，任何人都可以學習——我想打造這種新的學習場域。

人類之所以是人類，就是因為會學習、會成長。世上沒有任何無用的事物。只要改變看事情的角度，亦即只要改變自己，隨時都能改變世界。也真的有很多偉大的前人實際這麼做了。我們並不孤單。

我想懷著這樣的想法活著。

他力更勝於自力。
壞人更勝於好人。
親鸞先生的學說與我們的常識完全背道而馳。

起初確實很難理解，
但是越了解真正的意思，
越覺得深刻、平靜、感動。

杜象先生、莊子老師、親鸞上人說的悖論
否定之後都會接著莫大的肯定，
教會我們如何從不同角度看事情。

別回答，而是向自己提問

世上有著各種千奇百怪、大大小小的「問題」。

以「種族歧視」為例，其背景在於貧富差距及社會福利的問題等，錯綜複雜地攪在一起所造成的「結構性（systemic）歧視」。不同於與法律及規定等制度上明確的不平等所造成的「制度性（systematic）歧視」，儘管組成制度的要素中沒有任何歧視的部分，當它們攪在一起的時候還是發生了歧視。

要是被問到「該怎麼改善這種結構性的不平等？」的大哉問，應該所有人都答不出來。

在科學和科技的世界裡，為了找出原因，經常把大問題拆解成多個要素，一個一個地觀察，改善各自的不足之處，再將它們重新組合起來的作法來解決問題。「還原論」（Reductionism）是淺顯易懂又強而有力的方法論，因此許多人都試圖用這種方法來解決社會問題等複雜的難題。

問題是，這種作法實際上一點用處也沒用。不僅沒用，要不是拆解了也搞不懂，就是連想要拆解都無從拆解起，實際試了之後遇到各式各樣的困難，最後只能舉白旗投降。

事實上，如果是能用邏輯來解決的簡單問題，早就解決了。反過來說，現在留下來的問題都是無法用還原論這類邏輯來解決的問題，淨是些複雜又龐大的問題。

現狀是無論學問或技術再怎麼進步，別說解決問題了，問題反而還增加了。感覺有點不可思議，解決這個問題的線頭到底在哪裡呢？

我認為關鍵是「提出直指核心的好問題」。

如果是歧視問題，第一步是先提出「為什麼會有歧視？」這個最根本的問題，再深入挖掘這個問題。接著，提出各式各樣的問題：「雖然統稱為種族歧視，但種族到底是什麼？是從遺傳的角度來分類？還是看皮膚的黑色素深淺呢？」等。

然後是「實際著手調查並確定下一步」的階段。在這個階段實際動手調查，這麼一來肯定會得到前所未有的新發現，讓截至目前的問題變得更深入。然後再進入下一個階段，從中繼續產生新的問題……以此類推，重複以上的過程。

順帶一提，生物學、遺傳學上其實沒有所謂的種族概念。最近的研究成果明確指出，同一人種之間不存在特有的基因序列，只有個體差異。正因為實際發起了「調查」

的行動，才能明白到這個事實。

當然也會出現「可是明顯就有非洲臉孔、亞洲臉孔的差別，這又該怎麼說呢？標準到底在哪裡？」之類的疑問。

有些人可能會說：「那只是變化的程度而已。」必然就會有人接著問：「那這是第幾階段的變化呢？」

「第五階段。」「是第六階段吧！」「是第十七階段啦。」「不，是第二五六個階段。」等眾說紛紜的見解。或許還會產生「話說回來，人類總共能分成幾個階段？」的問題。

像這樣提出諸如此類的問題，基於假說採取調查或研究等行動，從而再產生新問題、再進行研究，如此周而復始的過程稱為「探索」。而回首來時路，就會意識到自己「學到好多東西」的事實。

我認為所謂的「創新」就是在這樣的情況下誕生的。有人先提出獨特的問題，採取行動，不斷深入研究的結果，偶然間創造出劃時代的新發現或發明。當那些新發現或發明普及後，才忽然意識到早就不知不覺間解決了某個問題，於是後世的我們稱之為「創新」。

經常可以聽見偉大的發明及發現，都是在不經意的情況下誕生的小故事。舉例來說，牛頓是看到蘋果掉落才注意到萬有引力的存在，可是當事人應該從沒想過「我要提出一個創新的想法！」

「地心引力」是物理學上的重要發現，後世的我們都稱呼牛頓是「對科學技術貢獻卓著、了不起的發明家」。換句話說，新發明或發現是否為了不起的創新，都只是根據後世評價的「結果論」。

因此，幾乎可以說沒有根據邏輯思維和計算活動中誕生出來的「創新」。因為單憑人類的頭腦，絕對無法事先預測到複雜至極的創新。

回顧歷史，「無法事先預測創新」的事實要多少有多少。古騰堡（Johannes Gutenberg）發明活版印刷的技術，就是最好的例子。他發明了印刷機後，創造了「讀書」這個新習慣。與此同時，很多人發現自己看遠不清楚，於是發明了「眼鏡」。隨著對眼鏡的需求提高，生產鏡片、用鏡片做實驗的人也增加了，於是又發明了「顯微鏡」。最終，我們得以發現自己的身體是由極微小的細胞構成。

換言之，古騰堡的印刷機催生出顯微鏡、顯微鏡又催生出細胞生物學。起初究竟有誰能想到，活版印刷術與看見如細胞般微小的東西兩者間的緊密關係呢？

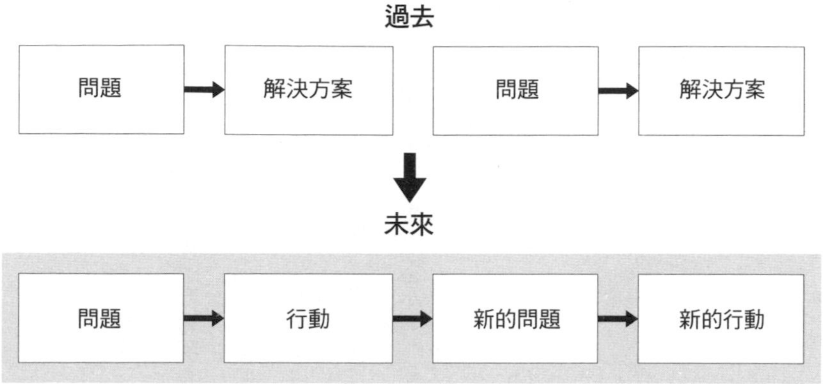

持續針對本質提出問題，並展開行動，最終解決了問題

想知道「為什麼」，當腦海中浮現出這個極為單純的疑問，出於好奇嘗試之後，帶來令人跌破眼鏡的新發明或發現。這些新的發明或發現起初或許不被理解，但因為有趣或方便，因此逐漸在世間傳開來。當這些新的發明或發現普及全世界，社會就會改變。社會一旦改變，過去視為「問題」的問題就不再是問題——也就是說，問題被解決了。

這也成了我們這些後人口中的「創新」。

正因為如此，在接下來看不到未來、充滿了難題的時代，最重要的並不是提出合乎邏輯的解決方案，而是「提出好問題」。如果遲遲無法解決問題，我們很容易陷入「因為我能力不足」的失望情緒裡，但無法解決難題真正的理由在於侷限在「邏輯性思考」的框架裡，我們應該更關注這一點。

學校不僅不讓我們隨心所欲地提出問題、自由行動，還有很多「這個不行、那個不行」的限制。對此感到不滿的人不是退學就是輟學，毅然決然地踏上自己的探索之旅，最終提出劃時代的發現或發明的例子不勝枚舉。

簡單地說，我認為關鍵在於心態，「我們要以什麼樣的態度面對世界？」

我想改變世界，讓世界變得更好一點，再交棒給下一代的子孫。我是基於這個想法持續研究，並且喜歡透過學習累積「自己的」學問，對此充滿期待，覺得非常自由。

這與上不上學無關。流淌在學習根柢的自由精神正是讓人類變得自由的藝術，也就是所謂的博雅教育（Liberal arts）。

「別回答，而是向自己提問。」我想表達的就是這點。

別回答，而是向自己提問。

持續叩問本質，
透過行動深入挖掘問題，
結果反而能解決問題。
我們稱這種狀況為「創新」。

創新能讓世界變得更美好，
並且交棒給未來的世代。
這就是我們學習的原因。

創造與理解

明明有很多話想告訴對方，卻很難用言語表達到位。這種事經常讓人感覺心煩意亂。其中的原因之一可能是做為前提的經驗或知識有所差異，導致對方無法理解話語的意思。

該怎麼跨過這個斷層，互相理解呢？為了尋找答案，我看了很多書，遇見了出生於愛沙尼亞的生物學家兼哲學家魏克斯庫爾（Jakob Johann Baron von Uexküll）博士的著作《動物的外在環境與內在世界》（*Umwelt und Innenwelt der Tiere*，直譯，一九〇九）。

這本書的主題是生物感覺相關的研究，他在這本書裡明確指出，所有的生物皆各自以自己的方式來感知世界，並且活在自己感知到的世界裡。就在我讀到他的主張時，那道光線又將我包圍。

眼前是片草木繁茂的森林。我才四處遊蕩一會兒，就流了滿身大汗。太陽開始西傾，我雖然感到不安，仍奮力前行，終於走到長滿了巨大唐檜的森林。

我茫然地東張西望，完全察覺不到人煙。但是能感受到有什麼東西蠢蠢欲動的氣息。我屏氣凝神地仔細看，只見有隻比我大上好幾倍，貌似松鼠的生物正在啃食同樣比我大上好幾倍的樹木果實。

哇！我來到長滿巨木的森林了！還是我變小了？！

正當我陷入驚慌失措的狀態時，有個嘹亮的聲音突然響遍整座森林。

「你看！一隻壁蝨往松鼠飛過去了！」

定睛一看，有一團烏漆抹黑的東西正飛向松鼠，停在松鼠身上。

「看到了嗎？壁蝨雖然沒有眼睛和耳朵，感知丁酸（又稱酪酸）味道的能力可是一等一喔！」

太好了，總算遇到一個人了，我鬆了一口氣。不過難不成，這個聲音是……魏克斯庫爾先生？

只見有個白髮蒼蒼，留著鬍子的五十多歲男性慢悠悠地從樹後面走出來。他左手拿著時髦的拐杖，完全是典型的德國老紳士風格。

「生物的皮脂腺會分泌出丁酸，丁酸的氣味對壁蝨而言，就像是綠燈般的存在。壁蝨會以自身的體溫感測器找到生物的皮膚，以觸覺傳感器找到沒有毛髮的地方，並鑽進去吸血，藉由吸取對方的血液而維生。」

他興高采烈地對我解說壁蝨的吸血原理。

「壁蝨不知道自己住在樹上，也感受不到光陰的流逝。世界對壁蝨而言，只有丁酸的氣味與體溫、皮膚及體毛的觸感而已喔。你懂了嗎？」

他撫著鬍子繼續說：「看得見紫外線的蜜蜂有『蜜蜂感知的世界』、用超音波掌握空間感的蝙蝠有『蝙蝠感知的世界』、嗅覺特別敏銳的狗有『狗感知的世界』。生物透過自身的感官了解這個世界，我把這個世界命名為『環世界（umwelt）』。也就是說，每個生物都有自己的環世界。」

……這麼說來，我們認知的世界與壁蝨認知的世界確實不一樣。

我微微頷首，他以篤定的語氣對我說：「無論是什麼，只要你不認為那是對自己『有意義之物』，那個東西就等於不存在於你的環世界裡。因此，我們認知的『客觀世界』，其實只是『主觀』的從整體世界抽出一部分喔。懂了嗎？」

我們認為樹木、花，或是氣溫及天候等都是環境的一部分。但魏克斯庫爾先生卻

功能圈

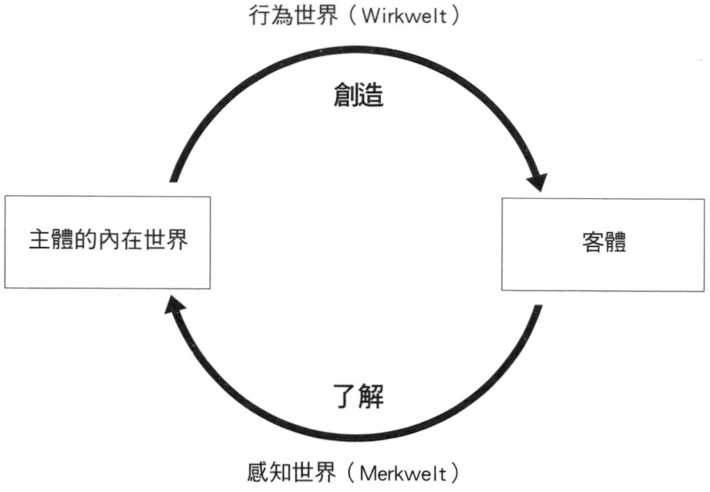

說，環境是生物體「以自己為中心，並賦予自身意義的東西」。

人類的特徵之一是獲得資訊的能力，以及創造出新的資訊的能力。人類擁有自己生活周遭的語言或文化等「資訊環境」，透過這些資訊環境從各種不同的角度看待世界。

因此，我們無法好好地與對方互相理解，或許也可以說是因為我們沒有意識到各自都活在自己的「資訊環境世界」裡。

在思考這個問題時，他有些迫不及待地開始侃侃而談：「還有一個重點。請看這張圖。」

他指著一張畫著框框和圈圈的

圖說：「藉由透過感官了解的世界（感知世界）與用身體與世界互動的世界（行為世界），兩者連動創造出環世界。懂了嗎？」

也就是說，不是只有「世界看起來如何」的輸入，而是再加上「要怎麼影響世界」的輸出，才能創造出環世界。以壁蝨為例，感知到丁酸的氣味與從樹上掉落的行為連動，蜜蜂與蝴蝶飛向用紫外線看到的花與採蜜的行為是連動的……。

「我將上述的連動取名為『功能圈（Funktionskreise）』。」

反應過來的時候，魏克斯庫爾先生已經消失了。

◆

身為人類，我們擁有將自己的想法，透過「創造」的方式讓它變成現實的能力。唯有能消除「內在感知世界」與「外在行為世界」之間的落差，讓兩者趨於一致時，方能從中創造出新的「環世界」。

而創造出那個環世界的狀態，我認為不就是所謂的「了解」嗎？換言之，「創造」源自於「了解」。

明明有想告訴別人的事，用言語卻無法完整地表達。所以為了讓對方了解自己想表達的訊息，創造出某種實體的東西。但是經由創造，會讓自己更為了解，這麼一來，就能比以前更具體地讓對方了解自己想表達的意思。另外，實際創造之後，會發現仍有許多「不了解」的事。因為不了解、因為想了解才創造。由此可見，「創造」與「了解」環環相扣。

了解過去不了解的事。自以為了解的事其實不了解。覺得這樣很有趣，期待別人也覺得自己對新世界的看法及意義很有趣。希望也能向別人傳達自己的新看法。

正因為如此，每個人的環世界才有機會交錯。換句話說，我們每個人的資訊環世界原本互不相關，是「創造」的行為與「了解」的狀態形成的迴圈，也就是所謂的功能圈，把我們串連起來。

從微不足道的「問題」出發，通過「創造」來「了解」。同時產生了很多「不了解」的事，再從中產生新的「問題」。如此周而復始的過程中，就會創造出某種「有形之物」。

如果這個有形之物能解決問題，那就稱為「創新」；如果開拓了人類完全未知的新知識，就稱為「發明」；如果能感動人心，則稱為「藝術」。這一切大概都可以說是五花八門的「創造」，而所有的創造皆由「欣賞」支撐，繼續成長為更美好的東西，努力前行。

常聽人說：「別只動腦筋想，要身體力行。」這句話大概就是這個意思吧。

創造與了解，我認為這是推動社會發展很重要的動力。

由於搜尋引擎或社群的演算法，
我們活在名為「同溫層」的封閉世界裡。
早在一百多年前，魏克斯庫爾先生就預見了，
他指出「環世界」不同的人，擁有截然不同的意見。

為了在「人人都是一座孤島」的世界互相交流，
利用「創造」與「了解」構成的「功能圈」加深學習，
同時透過共同創造來產生連結。

魏克斯庫爾先生是一位偉大的冒險家，
從不同於其他人的角度切入，
教會我創造力的本質和創造的重要性。

專家與外行人

世人經常把「評價」和「審查」之類的字眼掛在嘴邊。

當菁英體制滲透到整個社會，人們開始思考，金錢或時間等是有限的，所以必須藉由審查實績、評價實力，來決定要分配給誰、分配多少。乍看之下很合理，但我認為這種想法才是讓社會變得貧乏的罪魁禍首。

因為審查是根據某種「衡量標準」來量化活動。為了讓每個人的衡量標準一模一樣，大家必須做同一件事。因此不能跟別人不一樣，以免造成其他人的困擾。換句話說，「評價」或「審查」會強化「不准做跟別人不一樣的事」這種所謂的同儕壓力（peer pressure）。

同儕壓力很強的社會會讓人活得非常痛苦。因為擔心說了什麼跟別人不一樣的話，立刻就會招來白眼、受到責難，人們不得不謹言慎行，做跟別人一樣的事，盡量不要引人注意。也就是說，無法自由自在地生活，最後可能形成一個歇斯底里的社會。

舉例來說，為了在學校得到老師的好評，學生的一言一行都要照老師說的話去做。做不到的學生，老師就會在與家長面談時「提醒」學生跟家長：「如果你不跟大家一樣用功學習，你的分數會很低喔！分數很低的話，將來的選擇就會變少喔！」原本每個人的個性都不同，但被威脅之後只好採取相同的行動、什麼也不說，反而能換來「好評」。如果生活在這樣的世界，會認為「盡量不要出風頭比較好」也是人之常情。

為了打破僵局，如同我之前所說，就不能在意別人的評價。不管是受到讚美，還是受到貶低，都當作馬耳東風就好了。因為受到讚美而喜悅，或是因為受到貶低而悶悶不樂，都沒有任何意義。同儕壓力具有自己越在意，就會在不知不覺的情況下也給周圍的人帶來相同壓力的性質。因此完全不需要在意別人的評價，反而必須應該視而不見。

另一方面，像是瘟疫（pandemic，某種大流行的傳染病）等每個人都關心的話題，大家就像評論家似地忍不住紛紛議論起來。因為每個人都有可能感染到傳染病，會對全人類造成重大的影響，所以這也是理所當然的反應。

然而，當我們這些「外行人」談論與傳染病有關的話題時，不是受到非議「你們這些外行人別隨便談論專業領域的問題」，就是遭到某些人勸誡「外行人想再多也沒用，應該聽專家的話」。

可是說這種話的「專家」也不是真的專家，我認為既不是專家又這麼認定的人，基本上根本不懂專家的存在意義與其真正的價值所在。

專家存在於社會上的意義，不僅僅是對該領域的發展有貢獻，也是因為他們能提出與外行人——也就是我們一般人不一樣的觀點、不一樣的看法。

專家不會受一般大眾的直覺或情緒影響，而是能充滿自信地提出他們獨有的推論或結論。因為專家是一種專業，有所謂的專業操守，他們是站在歷代專家日積月累的智慧上陳述自己的見解，萬一有錯，就會受到其他專家的公開批評。

從這點上來說，批評「外行人不要多嘴」的人，等於是否定專家「提出與眾不同的看法和意見」的價值。正因為蒐集了各種不同意見，才能提出「不同的觀點」，如果拒絕理解這點，就失去專家的存在意義了。我認為那種人既不是專家，也不尊重專家。

另外，也有很多「專家」會炫耀自己見多識廣，不容置疑地說「這個就應該這樣才對」，我認為這種人也稱不上卓越的專家。

如今的世界，無論是哪個領域，知識含量都非常大，學無止境。專家很清楚這一點，知道要提出一項主張必須基於很多前提，所以不會把話說得太死。相較之下，「假專家」瞧不起知識體系，認為「沒必要多費唇舌」，自以為「沒有什麼是我不知道的」。這麼一來，就只會武斷地說出自己知道的事。

由此可知越是半瓶子水的人，越容易自以為是地認為「我很優秀」，相反地，如果是深刻了解的人，則虛懷若谷地認為「自己什麼都不懂」。事實上，有兩位心理學家發現了這一點，並以這兩位心理學家的名字為這種狀態取名為「鄧寧－克魯格效應」（Dunning-Kruger effect）。

真正的專家不會以太過武斷的語氣提供意見，所以聽在我們耳中或許會覺得無所適從，「所以呢？結論到底該怎麼做？」但我們應該聽取的其實並不是結論，而是「我現在知道什麼？不知道什麼？」因為只要搞清楚這點，就能清楚地明白什麼是「我們該自己思考的事」。

「全體人類都還不知道接下來的事喔」、「誰也不曉得接下來該怎麼做才好喔」，在這樣的全新領域，不分專家與外行人，所有人都站在同一條起跑線上，「該怎麼做」的價值判斷必須超越專業，從各種不同的角度進行綜合性的思考，不只是專家，所有人都應該思考這個問題。

因此了解我們現在知道什麼與不知道什麼，至關重要。優秀的專家了不起之處就在於能明確地回答這個問題。

換句話說，我們應該請教專家的是「知識的新領域」與「不同於常識的見解」。若能透過請教專家來了解這一點，就能鎖定思考的範圍，從中產生新的點子，或許還能找到光靠自己絕對想不到的新選擇。我認為這才是專家與我們最好的關係。

儘管如此，我們很容易完全不靠自己思考，只知道向專家詢求意見，對他們的意見照單全收。這是因為我們認為專家見多識廣，所以他們的意見一定是對的，導致我們過於崇尚他們的意見（即「暈輪效應」〔halo effect〕，取意味著光環的「halo」之意）。

我們人類身為社會化的動物，具有容易服膺權威的特性。麻煩的是這裡頭還牽涉到菁英體制。菁英體制是認為「做出成績的人、能力好的人比較偉大」的社會制度，因此會把目光焦點都放在成功的經驗或例子，不看也不聽沒有成功的人的例子或聲音。只播報成功者意見的媒體正是如此，這就是「倖存者偏差」（survivorship bias）。因為有倖存者偏差，才會對別人施加「外行人給我閉嘴」的同儕壓力，變成一個無法暢所欲言的社會。

到底是菁英體制的社會產生了這些偏差，還是人類本來就有這些偏差，從而陷入菁英體制的框架呢……。肯定是兩者相互影響才變成現在這樣吧。

那麼該怎麼做才好呢？我認為只要別區分什麼「專家」和「外行人」就行了。前面已經說了很多諸如此類的分別究竟有多麼要不得，像是大人與小孩的區別、學習與玩樂的區別，其實萬惡的根源就在於「區分思考」的想法。比起只有專家才有發言權，包括外行人也能樂在其中地提出各種點子的世界，絕對比較開心，對學術界及社會的影響肯定也更好。

我認為絕對有只有「外行人」才能想到的點子，其中肯定也有就連專家也嘆為觀止的創意。創新原本就來自於還沒有「衡量標準」之處。不管是專家還是外行人，都應該一視同仁地檢視他們提出的有趣點子。既然如此，自然也沒必要特地區分是專家還是外行人。

因為大家都做相同的思考，採取相同的行為，社會變得一成不變，加強了同儕壓力。因為都聚在同一個地方，傳染病才會廣為流傳。如同前面的例子，學校就不用說了，連公司及政府等等都把學生或員工、公務員集中在同一個地方，在不知不覺的情況下強制他們做相同的思考，採取相同的行為。

我們應該有所自覺，這只會讓同儕壓力更沉重，讓每個人都患上停止思考的「傳染病」。

深植於我們心中的偏見好可怕啊……！而且偏差的種類也太多了。擁有後設認知，亦即客觀審視自己的思考，真的很重要。

人類擁有的許多偏誤（一部分）

錨定效應
Anchoring bias

偏重先得到的情報而影響後來判斷的偏誤

可得性捷思
Availability heuristic

傾向於選擇腦中容易浮現的事物或明顯的事物

從眾效應
Bandwagon effect

已經得到多數人支持的事物可以得到更多支持的效應

偏見盲點
Blind-spot bias

沒有發現自己的判斷其實受到偏見影響的偏誤

支持選擇偏誤
Choice-supportive bias

認為自己的選擇比實際上更好的偏誤

群聚錯覺
Clustering illusion

認為隨機出現的因緣巧合其中有一套邏輯可循的錯覺

確認偏誤
Confirmation bias

無意識地蒐集只對自己有利的資訊的偏誤

保守性偏誤
Conservation bias

即使看到新的證據也依然堅持過去信念的偏誤

鴕鳥心態
Ostrich effect

透過假裝看不到負面狀況來逃避的心態

結果偏誤
Outcome bias

只憑結果好壞來判斷決策好壞的偏誤

過度自信
Overconfidence

高估自己的能力或聰明才智的傾向

顯著性偏誤
Salience bias

容易只看到凸顯的部分，做判斷時欠缺客觀性的偏誤

刻板印象
Stereotyping

用典型、僵化的印象來看事情的偏誤

倖存者偏差
Survivorship bias

只看到成功的經驗或例子，忽略失敗案例的偏誤

零風險偏誤
Zero-risk bias

專注於消除微小的風險，卻沒看到更大危險的偏誤

大部分的學校，尤其是大學，
都具有試圖培育有用人才或專業人士的趨勢。
但是最終只會培養出除了自身專業以外一無所知的人。

現代社會的問題摻雜了盤根錯節的各種要素，
只接受專業教育的人不一定「有用」，
社會上需要的反而是眼界開闊的人。
所以我們更應該打造認真對待「外行人」創意的社會，
不是嗎？

換句話說，比起把一切都交給專家，
幾乎所有人都放棄思考的社會，
我認為「每個人都能自由思考」的社會更重要。

總結

Q 為什麼不能做自己喜歡的事、過自己想過的生活？

截至目前，我探索了形形色色的問題，發現很多我們認為理所當然的事其實一點也不理所當然，認為是真理的事只不過是一種信仰。

為了成為對社會有用的人，努力培養能力，結果反而創造出一個亂七八糟的社會，意識到這一點的我不由得產生一個疑問。

「話說回來『有用』和『沒用』到底是什麼？」

這時，我接觸到杜象，他透過〈現成的自行車輪〉這件作品把這個問題扔向全世界，以及提倡「無用之用」的莊子、從「他力本願」及「惡人正機」等反面的角度來探討這個問題的親鸞，領悟到世上沒有無用之物，只要能換個角度看待事情，並改變自己，意義隨時都會改變。因此，產生了「因為不知道什麼有用，盡情地享受世間萬物的態度更重要」的想法。

也就是說，人生在世應該只做自己喜歡的事。

即便如此，卻仍然無法辦到，是因為現代社會已經被「能力信仰」滲透、患上「菁英體制」的通病。可是既然知道這可能不是我們最想要的社會，拋開過去的常識、找出全新意義，才是「學習」真正的意義。

另外，我也學習到為了解決世界上的難題，切入點在於「提出好問題」。透過動手做點什麼、從中領悟到什麼、提出新的問題來思考……透過以上的循環來解決難題的態度，將變得極為重要。

第 5 章

歸零學習

UNLEARN

未來我們該怎麼學習？

我身為創業家，這輩子都為了創造新價值燃燒我的熱情。
我能自豪地說，我以自己的方式對更好的未來做出貢獻。

然而，我開始感到疑惑，真的是這樣嗎？

之所以產生疑惑的原因，在於我知道了「歸零學習」。
那是一種推翻過去學到的常識、捨棄過往的成見等等，
重新學習一切新事物的態度。

這一章將從我強烈地意識到這件事開始說起。

不要聽從父母的話

我曾在許多高中和大學辦過「創業理論」講座。

「創業並不是『會成功才做、會失敗就不做』，而是為社會創造新價值、讓世界變得更好一點。換句話說，創業者並不是一種職業，而是生存之道。」

我想讓大家知道這件事，但是在演講的最後，我每次都會告訴學生：「最後我想說的是，各位都應該活出自己喜歡的人生。這句話真正的意思是自由、隨心所欲地只做自己想做的事。」

聽我這麼一說，以認真的眼神聽講的孩子們都乖巧地點點頭。

「剛才有人點頭如搗蒜，話雖如此，但因為大家都是好孩子，都想滿足父母的期待吧？雖然沒有明講，但一定都感受到父母無言的壓力吧？像是希望你考上好大學、畢業後進入知名大企業工作或成為穩定的公務員。還有，希望你快點結婚、生子、建立幸福的家庭。

「各位其實也想走自己的路，但也想討父母歡心，讓他們放心，光是想到這些就覺得煩惱不已吧？」

當我這麼問他們，基本上十個學生裡有十個都會點頭點得比剛才還用力。

「我非常能體會你們的心情。過去包括爸爸媽媽在內，全家人都把自己當成心肝寶貝，想必會覺得父母恩重如山吧。……可是啊，接下來我想告訴各位一個重要的訊息，而且這句話我只說一次，準備好了嗎？」

我說到這裡，停頓一拍，等所有人都安靜下來，目不轉睛地盯著我看。於是我深吸一口大氣，從丹田裡發出聲音說：

「絕對不要聽從父母的安排！絕對不要！」

聽到這句話，大概會有一半的學生嚇得倒退三步。

「聽起來或許很像在開玩笑，或許也有人會很傻眼，但我是認真的。簡單地說，至少在與自己的人生有關的事上，不能聽從父母的安排。」

乍聽之下好像解釋了，其實啥也沒解釋到，只是刻意再強調一次同一件事，這在我的話術中也是相當高明的技巧（笑）。

「這是為什麼呢？等到你們有朝一日為人父母就知道了，天底下沒有父母不希望兒女得到幸福。天下父母心，只求孩子能健康快樂地活出自己的人生，孩子的幸福就是父母最大的幸福喔。當然啦，父母也是人，難免會有身為父母的期待與要求、堅持，像是希望孩子繼承家業等等。可是，倘若子女真正想做的事與父母的期待實在沒有交集，父母最後一定會妥協，因為『人生是你自己的』。

「可是，各位是否也想迎合父母的期待呢？舉例來說，當老師或認識的大人說『先照父母說的做，如果無論如何都不喜歡，到時再自己判斷就好了』，你就會說服自己『說的也是』，不是嗎？」

講到這裡，每個人都專注地聽我說話。因為有這種煩惱的孩子多得不得了。

「可是如同我方才所說，天下父母心，最後一定會支持你們選擇的路。問題是，一旦隱藏自己真正的心情，最後自己和父母都得不到幸福。『以後還有很多機會可以修正軌道』這句話並沒有錯，可是一旦在並非由衷渴望的環境待久了，有朝一日回過神來的時候，已經喪失了初心。我看過太多這種自我放棄的人了，最後連眼神都失去光采，只會抱怨或找藉口，過著夜夜在居酒屋買醉的人生（笑）。

「所以千萬不能聽從父母的安排。正確地說，就是『不管別人怎麼說，自己的人生都應該由自己決定』。只要用自己的腦袋想破頭、自己決定，無論再困難，都能靠自己撐過去，不至於怨天尤人。」

我過去一次又一次地在各式各樣的場合對學生們強調這個觀點。每次講完，下課後衝到我跟前哭得淅瀝嘩啦地向我道謝的學生可不只一兩個，「托老師的福，我的心情輕鬆多了。」

事實上，我說這句話的時候是很認真的，但我覺得其實只要以「原來如此啊」的心情來聽就好了。因為我明明說「別聽父母的安排！」卻又接著說「要聽我說！」未免也太矛盾了。

我真正想表達的訊息是「請好好思考自己的人生」，因此也不必太認真聽我的話。即便如此，每次聽我這麼說，總有些人會哭得情難自禁，看到這樣的學生，我不禁覺得「唉，被父母無言的束縛五花大綁的孩子還真不少呀……」

其實這句話不只是說給學生聽，也是為了說給我自己聽。因為多年來我也想滿足父母的期待，努力地討父母歡心。

之所以能擺脫這個沉重的枷鎖，是因為我學會了「歸零學習」（Unlearning）。所謂的歸零學習，是暫時先拋開自己從小到大的價值觀與常識等等，從本質上提出問題，然後再展開新的學習，讓一切脫胎換骨的態度，亦即「忘記自己學過的東西」。

自從得知這種思考方式，我就隨時把「歸零學習」放在心上。這麼一來，遇到不是馬上就能得到答案的疑問，也能保持不斷叩問的精神。

實不相瞞，前面的章節全都是歸零學習的恩賜。暫時拋開自己心中的常識，從源頭重新提出問題，就能客觀地審視現狀：「為什麼會這樣？」並踏上探索根源「為什麼會變成這樣」之旅。

首先把目光放在單純的問題上，再從中找出新問題。透過實際動手去深入地思考那個問題，對過程中留意到的成見或常識存疑，並思考新的問題。

重複以上這一連串的行為，相當於主動思考自己的人生。

看待事物的方式有許許多多種。
了解這個事實，學習自己沒有的觀點非常重要。

學會從各種不同的角度看事情，
代表著「不會照單全收別人說的話」。

無論再偉大的人說的話，都不一定是對的。
即使在某個時代的某個場合的「正確」，
也不見得放諸四海皆準。

所以不管是誰說的話，都不要輕易相信，
重點在於用自己的頭腦思考，用自己的心靈感受，
主動採取行動，用全身去判斷。

不知道想做什麼？

詢問社會新鮮人為什麼從事現在的工作，幾乎都只會得到「我想從事能幫助別人的工作」這種模稜兩可的回答，或「我想從事行銷工作」等流於表面的理由。

如果再繼續深入地追問：「你為什麼想做那件事？」問到最後，大家都會低垂眼神回答：「……其實我也不清楚自己想做什麼。」

另一方面，如果是小學生年紀的孩子，他們滿腦子都是想做的事。這也想做、那也想做，對眼前的事充滿了期待。聽到音樂就會情不自禁地跳起舞來、哼起歌來，對各種物品東摸西摸，一下子破壞、一下子重塑。想當然，大人當中也有人隨時都有想做的事，滿腦子想著接下來要做什麼，為此充滿期待。但是就我所知，這種人並不多。

到底是為什麼呢？從「小時候明明有很多想做的事，進入社會後卻不知道自己想做什麼」這件事實來思考，只能認為是我們接受的教育及社會環境使然。我們的社會機制正讓許多人成為「不知道自己想做什麼或該做什麼」的人。

「不知道想做什麼」的人大部分都不是「沒有任何想做的事」。我認為他們這句話的言下之意其實是「我不知道什麼是自己的存在價值」。也就是說，他們都陷入了「自己沒有能力創造出能讓他人認可的價值」的迷思。但他們為什麼會這麼覺得呢？

事實上，這與我們生活周遭的資本主義有關。資本（capital）是指公司做生意賺到的一切，具體來說不外乎金錢及設備、原物料等等。而所謂的「資本主義」則是指利用「資本」來雇用勞工，製造出比薪水「價值」更高的商品，方能從中獲利，再把利潤變成「資本」，繼續擴大事業版圖的一種經濟體制。這個體制起源自兩百五十多年前開始的工業革命。

資本主義本來就有「不斷增加資本」的性質。簡而言之，加入資本主義這個遊戲的人都認為盡可能賺越多錢越好，結果只要是能賺錢的東西，不管三七二十一全都做成「商品」，將商品轉換成「價值」。被這種觀念洗腦的人，久而久之就會覺得「世界上如果有金錢買不到的東西，其實很不公平」，聲稱那些認為有些東西花錢買不到的人「腦子有問題」！

為什麼？因為他們打從心底相信資本主義才是「機會的平等」。每個人只要努力就能存到錢。金錢成了「努力的成果」，可以買到任何東西，這才是最公平、公正的世界不是嗎？相反地，如果有什麼錢買不到的東西，那才是不透明、不公平的世界不是嗎？資本主義就是這樣的世界觀。

深受這種資本主義影響的人，例如剛才舉例的那些人，通常都認定必須提高自己身為勞工的存在價值。因為他們相信如果不這麼做，就無法在社會上生存。順帶一提，這裡所說的「存在價值」指的是「把自己當成商品時，能讓人花多少錢在自己身上」。

在我看來，揚言沒有特別想做的事的人是把「想做的事」侷限在「所有自己想做的事中能賺錢的工作」。

人類本來就不是「商品」。小孩可從沒想過自己是「商品」，自然也沒想過什麼存在價值，想做什麼就做什麼。但是成為青少年之後，大概是從打工時，就開始融入資本主義的社會，不知不覺中將自己當成「商品」看待。等到真正進入社會，就會在資本主義的前提下被稱斤論兩地計算存在價值。

既能提升自己的商品價值，同時又是自己真正想做的事，才能被資本主義認同是「想做的事」。在這麼嚴格的制約條件下，遲遲找不到自己想做的事也很正常。

既然如此，人類為什麼要選擇會讓人類淪為「商品」的資本主義呢？因為這牽涉到

「自由」，而自由具有至高無上的價值。換句話說，你可以隨心所欲、自由的選擇你想要的東西。正因為如此，資本主義具有「讓人世間變得越來越自由的偉大力量」，所以人類才會舉雙手雙腳歡迎資本主義。

資本主義具有將「自由」推上神壇，讓世界上所有東西都「商品化」的超級力量。不過，這裡所說的自由有條但書，那就是「人們唯有在價值可以被公平交換的時候，才能追求選擇的自由」，稱為「等價交換」。

我猜各位都聽過這句話：Give and Take.（給予與接受）給予什麼的同時也接受什麼，接受什麼的時候也給予什麼，建立相對的關係。對活在資本主義中的人而言，這是常識中的常識，大部分的人都領悟到「如果想得到什麼，請先給予對方想要的東西」。

但這種想法只要換個角度就會變成「如果對方不給自己想要的東西，那我也不願意付出」。換句話說，那是一種做任何事一定要有回報的心理狀態。一切可以交換的東西都事「商品」，而商品是必須花錢購買的東西，所以就會如字面上說的「金盡緣盡」。

不僅如此，就連原本理應不求回報的「饋贈」，人們也會認為「不好意思一直單方面接受對方饋贈，感覺很過意不去」，產生「接受別人幫忙，理所當然要有所回報」的心理。

也就是說，當別人為我們做點什麼的時候，一定會產生欠人家人情的「負債」感。人們會陷入「欠債一定要償還，而且還有利息，必須盡早還清」的想法。因為萬一得到太多、背負了太沉重的負債，就會覺得「沒有自信償還所有負債」。

在推崇等價交換的世界裡，人無法依賴任何人。聽起來是個好寂寞的社會，但是不依賴任何人的社會，也可以說是個沒有麻煩事的社會。毋寧說，這種社會是「沒有牽絆的自由世界」。這麼一來，就能打造出可以跟世界上任何人進行交易的極端自由社會，也就是所謂的「全球化資本主義」。

我們普遍相信，能夠一個人活下去才是「獨立」，並聲稱獨立是真正自由人必備的條件。然而，因為不敢依賴任何人，猛然回神時也會非常不安，卻騙自己說那些不安是「自由的代價」，更加要求自己必須獨立，這就是當今「大人」們的姿態。

不需要任何人，也不被任何人需要的社會稱為「無緣社會」。這種社會沒有任何必然性，也沒有「使命」，所以人們才不知道自己想做什麼、為什麼而活。

由此可知，之所以會出現「不知道想做什麼」的人，原因藏在非常深的地方，因此即使指出問題所在，世界大概也不會有任何改變。

那麼，到底該怎麼做才好呢？關於這個問題，我想更深入地思考一下。

「給予與接受」這種等價交換的想法，
乍看之下似乎很公平，
其實只會製造出非常冷漠的世界。
而這種世界觀會孕育出「獨立」的思考模式。
但那只會催生出無法依賴任何人的無緣社會。

正因為自立，才能得到自由。
受到這種想法影響的年輕人們，
變得不清楚自己真正想做的事是什麼。

該怎麼打破這道根深蒂固的枷鎖呢？
我在探索之旅中遇見一個人，給了我非常大的啟示。

給予與被贈予

前面提到過，不依賴任何人也能獨自生活稱為「獨立」，世人都認為獨立是進入社會的資格條件，要先獨立才有資格享受自由。

但真的是這樣嗎？

才不是，我認為這個論點從根本上就錯了。人是不能離群索居的動物，所以才形成社會。與大家生活在一起，本來就無法獨立。儘管如此，人們卻認為一定能獨立是怎麼回事？

這就是資本主義設下的陷阱了。上班族把自己當成「商品」賣給公司，以付出勞力為代價領取薪水。在一切都能商品化的資本主義社會裡，所有的生活必需品都可以用錢買到，所以很容易流於「只要能領到薪水，一個人也能活下去」的迷思。

事實上，在人際關係十分淡薄的無緣社會裡，人很容易產生「不必依賴任何人，自己可以完全自由、獨立生存」的幻想。

相較之下，即使患有腦性麻痺仍成為醫師，活躍於第一線的日本研究者熊谷晉一郎說過：「獨立，其實是增加可依賴的人。」

什麼？這句話是什麼意思？「獨立」不是不依賴任何人嗎？

對於患有腦性麻痺的他而言，過去能依賴的只有父母，內心總是難以擺脫「萬一父母不在了，自己該何去何從」的不安。可是當他開始嘗試一個人生活，增加朋友等可以依賴的人之後，才明白自己是有辦法活下去的。

> 所謂的「獨立」很容易被解讀成「不依賴」。但其實不是那樣的。「增加可以依賴的對象」才是獨立。這與是不是殘障者無關，我認為是適用於所有人的普世價值。
>
> ——熊谷晉一郎

無論是誰，都無法完全不依賴其他人生存。我們從只依賴父母的狀態開始，在長大過程中，慢慢地增加社會上可以依賴的對象，他說這才是所謂的獨立。

即使平常沒有意識到，我們其實依賴著各式各樣的事物與環境。「即使沒有A也能活」絕不是「什麼都沒有也能獨自生存」，而是「真有個什麼三長兩短，還有B、C、D等很多可以依賴的對象」。

包括歐文先生在內，很多教育者都強調環境會對人造成很大的影響。為了讓人們擺脫「獨立」的詛咒，其實要從小就讓孩子們置身於可以追求自己喜歡事物的環境，先滿足自己，我相信這才是最好的解決之道。

人類具有「一旦擁有很多東西，就想主動與別人分享」的天性，這點從小孩身上就能看出來。小孩子乍看之下十分任性、赤裸裸地表現出自己的欲望，但是只要自己得到滿足，就很願意把多的拿出來與全世界分享。

日本的研究者兼教育家齊藤賢爾在《信用的新世紀》（直譯，二〇一七年）裡對孩子們說過以下這句話：

> 生為人，就會想要模仿周圍的人。人就是這樣長大的。然後周圍的人又給予自己很多幫助。人類生下來的時候是完全無力的，所以一定要從接受別人幫助開始。人是從只

知道給予的狀態開始的。※

人剛出生的時候，若沒有人伸出援手就活不下去。換句話說，人類最初誕生到這個世界的時候，就是只知道獲得和給予的生物。所以人與人之間互相分享，乃人類的本性！

人類是會互相饋贈、分享的生物。這個事實因為太理所當然，所以我完全沒有意識到，對我而言是非常偉大的發現。從此以後，我開始隨時提醒自己「贈予是最具人性、最崇高、最美好的行為」。

幸好我擁有一個讓我可以盡情做自己喜歡的事的環境，所以我真心覺得現在應該為我們的後代打造那樣的環境。我相信，只要我們持續贈予美好給下一個世代，大家都能過得比現在更富足。

換句話說，將自己得到的美好也給予他人，這種行為稱為「讓愛傳出去」（Pay It Forward），但我認為不把愛傳出去也沒關係，只要提供「無償的愛」就好了。因為我只是純粹想看到稚子們開心的臉龐，當他們接受我的贈予，就等於是願意與我產生連結，這點令我感到非常欣慰。我們平常沒有意識到，但施比受更快樂。這在過去的社會其實是再理所當然不過的一件事。

日本的教育者兼研究者近內悠太在《世界是由贈予構成的》（直譯，二〇二〇年）一書中提到：「對贈予者而言，接受者其實是救贖般的存在。」

> 透過給予，賦予我們誕生在這個世界上的意義。更精確地說，我們是透過給予什麼而讓自己得到什麼。
>
> ——近內悠太

接受者的存在將給予自己人生的意義及誕生在這個世界上的意義。換句話說，我們只是存在就能給予他人。

我們透過給予而被贈予。既然這樣，就不要說什麼「給予與接受」（give & take），只要變成「給予與被贈予」（give & given）的關係就好了。我相信即便如此——不對，

※嬰兒在成長的過程中會模仿周圍給予自己東西的人，因此說他們「只知道給予」。

是正因為如此，社會一定能運作得更美好。

只要持續贈予後代美好的事物，我們都能過得更幸福。用「贈予」來填滿這個世界，是讓世界運行得更順暢的不二法門，我相信世界也會因此變得既令人懷念又日新月異。

因此我想繼續將這份豐盛分享給所有人。不要求回報，就只是拚命地分享。因為這才是「豐盛」真正的意義所在。

所謂獨立是增加依賴的對象，
這種顛覆性的思考令我大開眼界。

人類的本性並不像霍布斯先生說的那麼利己，
而是藉由互相給予、互相分享而存在。
正因為給予與被贈予推動著經濟的發展，
才會形成社會不是嗎？

在資本主義過度猖獗、社會變得烏煙瘴氣的現代，
我深深地覺得更應該認真地構思那個美好的世界。

假如明天就要死去

回頭看看截至目前的內容。

首先，為了保護受到不合理對待的孩子，對大人與小孩做出區別，此舉其實限制了孩子們的自由，也讓社會變得貧乏。

其次，為了齊頭式地提升所有小孩的能力，讓他們能為社會做出貢獻，以此為目標的學校非但沒能填滿能力的差距，反而成了拉大差距的兇手。

再其次，菁英體制強調以「學生為主」的自由或「機會均等」的平等，實際上不自由和不平等的現象卻變得越來越嚴重。

於是人們在「平等」的大旗下相信能力的存在，社會則以「自由」之名要求每個人對自己負起責任來，讓能力比較差的人相信「能力不好是自己的錯」。

當然，我不打算否定這套思路邏輯也有許多好的一面。可是明亮的光線總是伴隨著幽暗的陰影，當我們看到那些陰影，不應該忘記這裡頭有著非常大的矛盾。

在這樣的情況下培養創造未來的孩子，最重要的到底是什麼呢？人又應該怎麼學習和成長呢？

◆

當我正漫不經心地思考這件事，有個留著超長鬍子的老人突然出現在我面前，居然是康米紐斯老師。

「時代正在產生劇烈的變化，必須向下一個世代的孩子們傳達什麼呢？又是什麼支撐著這個想法呢？」

聽到這個問題，通常都不知道該怎麼回答吧……。正當我窮於回答時，突然想到先前學過的「提出與大問題有關的問題，來回答大問題」，於是我提出以下的問題：

「假如你明天就要死了，只能留一句話給你的孩子，你會說什麼？」

至於我為什麼會提出這個問題，是因為我知道這個問題的答案，代表著我認為最重要的事是什麼。

教育的使命是「將人類知道的事傳予後世」，所以只要使出這個終級必殺技，就可以知道什麼是該傳給後世的最重要之物，而我認為那個最重要之物才是「該學習什麼？」的答案。

假如我明天就要死去……。

身為父母、身為人生的前輩，我根本還沒來得及告訴我的孩子什麼。接下來的人生，我想與孩子歡度許多美好的時光，陪伴他經歷許許多多的成功與失敗、喜悅與悲傷、告訴他重要的事。可是如果我明天就要死了，那就什麼也做不到了。

光靠一句話實在無法表達這麼重要的事。無論說什麼，應該都無法完整表達我對愛子的心情。可是，如果能留下一句意味深長的話，讓那孩子窮盡一生都在思考「父親留下的遺言」是什麼意思，大概是身為父母至高無上的幸福。

或許他無法馬上理解那句話的意思。可是當他長大成人，跟我一樣為人父母時，如果能意識到「啊，父親當時對我說的那句話原來是這個意思啊！」那就太令人高興了。那句話是什麼呢？到底該怎麼說，他才願意一直思考著「父親為什麼會留下這句話給我？」……

針對這個問題，我其實已經想了好多年，至少現在的我會這麼回答：

「你可以改變世界。」

聽到這句話，或許有人會覺得「是不是說得太誇張了？」但這是我絞盡腦汁、殫精竭慮的結果，認為這句話最好。

父母對子女的期望只有一點，那就是「希望孩子幸福快樂」。為人父母的期待就只是這樣而已，再無其他。換句話說，我認為這是關於「幸福是什麼？」的大哉問。

有多少人，幸福就有多少種樣子，但是簡單地說，應與「神采奕奕地過自己的人生」相去不遠。無論是誰，只要能神采奕奕地過自己的人生，肯定就是最幸福的狀態。
「希望孩子能神采奕奕地過自己的人生」，亦即「我想培養出能按自己意願過自己人生的孩子」的心願，其實也可以說是「希望孩子能懷抱希望、開創自己的未來」。
那麼，需要什麼才能支持這個想法呢？
我認為為此必須滿足「對未來懷抱希望」與「只要想開創，就能真的開創」這兩個條件。也就是說「懷抱希望、開創自己的未來」的態度必須建立在「我可以改變世界」的想法上。
這聽起來真的很像廢話，根本不需要特別拿出來講，那我為什麼還要特地寫下來呢？這是因為當我把手放在自己的胸口，認真地捫心自問時，很少人會從內心深處相信「我可以改變世界」。
明明是理所當然的事，卻給人不真實的感受。那又該怎麼在這樣的現代社會中，培養出能創造自己未來的孩子呢？正因為如此，我想將這句話傳達給肩負下一個時代的孩子們。
……我是這樣想的，如何？康米紐斯老師。我回問老師，只見原本低著頭的老師慢慢地揚起臉來，目光炯然地盯著我看。

然後一句話也沒說，就這麼消失了。

◆

死亡可能就在明天降臨。倘若我意識到自己的死期，我會竭盡所能，擠出全身的力氣，看著我的孩子，握住他的手，告訴他：「假如你是真的打從心底渴望，相信自己能做到，並且加以實行，你就可以改變世界喔。一定可以。」

我希望你務必好好想想，父親為什麼要在臨死之前留下這句話。然後當你為人父母時，請務必也這樣告訴你的孩子。這才是我留下這句話的用意。

不只是我的孩子，我也想告訴全世界的孩子。

我是打從心底這麼想的。

「你可以改變世界。」

這個訊息本身當然也很重要，
但更重要的是創造出能真心這麼想的環境。

倘若學校以「培養出能開創自己人生的人」為使命，
那麼學校本身就必須是真心認為「人可以改變世界」的環境。

如果要從中找出學校的全新意義，
我認為提示就藏在這裡。

改變世界的魔法

「我可以改變世界。」

即使用盡全力向孩子們傳達這個理念，或許也會得到這樣的反問：「可是爸爸，你現在並不認為自己能改變世界吧？那你為什麼可以說得如此篤定呢？」

這時我想起巴西教育家兼社會活動家保羅·弗雷勒（Paulo Freire）。不只在教育界，他在農村再造及醫療等領域也相當活躍，是影響我最深遠的人之一。

他原本是教育文化局主任，負責協助、教育發展處處受限制的窮人。在過程中，他從這些人身上感受到置身於貧困生活的人特有的內向性格，也就是對自己沒有學問這件事感到自卑，具有畏畏縮縮的傾向。

光是為了活下去就疲於奔命，沒有餘力理解讀書識字的重要性，並被統治者洗腦，對自己充滿負面的印象，弗雷勒為此取名為「沉默的文化」。

他研究該怎麼克服這種「沉默的文化」，開始對數千萬不識字的窮人推廣他自創的教育。在國家由侵略者支配的時代，為了參與選舉，一定要學會讀書識字，所以他致力於幫助這些人讀書識字。

具體的作法是先利用圖片和故事提升他們想學習的心情，讓他們學習與自己的生活及工作有關的種種事物。然後再讓他們討論自己比較關心的事，例如如何匯錢出國等等，讓他們學習這句話代表的意思及其相關的問題。

舉例來說，對於住在貧民窟的人，會先提出意味著貧民窟的詞語「favela」，讓他們意識到自己正被不當地奴役後，再引導他們藉由自身的行動改變現狀。

據說向弗雷勒學習的勞動者轉眼間就會讀書寫字，對社會的民主化具有相當大的貢獻。這項成功的創舉還被當時的巴西軍政府視為「政治危險人物」，並將他流放海外。

弗雷勒不只推動了識字教育，也在《受壓迫者教育學》（*Pedagogia do Oprimido*，一九六八）一書中對傳統的知識填鴨式教育及與學習者的生活現狀沒有什麼關連的教育內容，做出嚴厲的批判。

正當我著迷地閱讀充滿了他的教育思想的書時，那道白色的光芒又開始將我包圍。

◆

待我反應過來，我已站在舒適的樹蔭下，眼前有大約三十個人圍著坐成一圈，有人正在圓圈的中央演講。有兩個男人從後面凝視講者，我聽見那兩個男人的對話。

「弗雷勒老師，這個文化小組的對談會不會有點太曠日廢時了。他們別說是做生意的方法了，就連算數都不太會，應該還有其他要學的東西吧？」

下巴長滿白鬍鬚的弗雷勒老師對著事務官這麼回答：「當然，你說的學習也有其意義，但越是想單方面地傳授知識，他們反而會放棄思考，變成一個指令、一個動作的人類。這會孕育出『沉默文化』。這種教育不僅無法消除統治者與他們之間的對立，反而只會更激化對立。」

事務官顯然無法認同弗雷勒老師的回答。

「嗯……可是，如今悠哉地做這些事也無法改變他們受苦的現實，不是嗎？」

弗雷勒老師對事務官的焦躁表示理解，但仍毅然決然地回答：「我懂你的心情。但要是一味地進行只是貯存知識的教育，就像去銀行存錢一樣，他們會失去『批判意識』（Critical Consciousness），無法靠自己改變世界。他們會變成只是順應現狀的人類，不敢試圖改變現實。這是我最害怕的事喔。」

「所以您才採取這種曠日廢時的方法嗎？」

保羅・弗雷勒

Paulo Freire

（1887–1968）

「文字具有各式各樣的意義，其中也包含各式各樣的問題。一面與朋友議論的同時也一一理解問題。根本不需要我的意見，讓他們自己思考才有意義。」

以上是弗雷勒老師的作法。

「如果不先與他們心靈相通，就一味地灌輸他們知識，會使得他們失去原本的探索之心，剝奪他們本來可以變成人類的機會。你不這麼覺得嗎？」

弗雷勒老師始終貫徹「學習的輔助者」角色，而非灌輸者。這在當時是非常劃時代的作法。而這個作法的基礎在於「對話」。就像此時此刻正在我面前進行的對話。

「他們現在透過對話，知道可以

自己學習，正走在意識到自己受到多少迫害的道路上。如果不走過這段『人類化』（humanization）的過程，他們就不會想要主動改變世界。」

弗雷勒老師的語氣充滿熱情。

「『學什麼？』（what）與『要怎麼學？』（how）固然很重要，但是『為什麼要學？』（why）更重要。這麼一來，他們就必須面對自己真正置身的現實。為了改變自己居住的世界，從自己的問題意識中產生對話才是最重要的。」

聽到這裡，事務官嘆氣說：「在思考『為什麼要學？』以前，他們根本什麼都不知道。我不認為他們有辦法一下子就開始思考『為什麼要學？』，不是應該先教他們最基本的東西嗎？」從事務官熱切的語氣可以聽出他也有他的想法。

弗雷勒老師直視事務官的雙眼，一臉嚴肅地說道：「你的想法很寶貴。但『教導什麼都不知道的人』的態度會在潛意識中貶低學習者，讓他們感到無力。這只能說是『虛偽的寬容』。以這種態度接近他們的話，只會讓教的人也失去人味。

「要是你也由衷地希望他們和你一樣，都能繼續保持人性，就要放下虛偽的寬容，透過對話，以『活得更像個人』為目標。我是這麼想的，你覺得呢？」

弗雷勒老師這麼一問，事務官沉默了，陷入沉思。

我懂事務官沉默以對的心情，同時也打從心底與弗雷勒老師重視「對話」的態度產生共鳴。只是當立場與想法落在兩條平行線上，無論雙方再怎麼進行對話，也難以彌補鴻溝。

在絕對無法相互理解的情況下，該怎麼做，才能讓對話成立呢？

當我陷入沉思時，白色的光芒再度將我包圍，回過神來，我又回到書桌前了。

♦

我回想弗雷勒老師說的話，腦海中浮現出日本思想家兼武道家內田樹老師說的話，他說過：

「立場差異太多的人為了互相了解，一定要打破彼此置身的立場及做為判斷標準或邏輯的『編碼』。」

為了讓擁有不同編碼的人也能成立對話，首先要將發言權交給對方：「你想說什麼？我會靜靜地聽你說，所以請說明到讓我可以理解為止。」他說這點非常重要。因為「只要從認同彼此出發，順著雙方都能認同的邏輯對話，那麼我們應該能達成共識」的態度，才是讓對話成立的大前提。

但現代社會並未共有這個前提，比起給對手機會說服自己，大聲地說出自己想說的話，連珠砲似地要對方閉嘴的人，反而在社會上獲得更高的評價。

在這樣的情況下，為了要讓對話成立、相互了解，必須相信對方的智慧，打破讓自己動彈不得的「編碼」，勇敢地主動踏出一步、真誠地同理對方。這果然是武道家會說的話。

任誰都知道要打破自己的編碼非常困難，因為人們認為保護自己的編碼就是保護自己，是對自己最重要的事。

儘管如此，相信對方的智慧、打破自己的編碼、真誠地同理對方，就能讓對方感動不已，「你這麼相信我啊？」」，並對自己表示敬意。原本卡住的溝通將重獲新生，還能在原本巨大的鴻溝上架起一座橋。

這裡再回到最初的問題。「我可以改變世界」的意思其實並不是「靠自己的力量改變世界」。就像弗雷勒老師說的那樣，「我要改變這個世界」的態度只會讓人失去人性。而且任誰都無法消受別人一廂情願的好意，結果還是無法改變社會。

那麼，「我可以改變世界」又是怎麼回事呢？我認為那是「改變自己」的意思。打從心底相信對方的智慧，也打破自己視若珍寶的編碼，不顧一切地主動向對方踏出一步，直到能感受對方的氣息與體溫時，我們已經跟以前的自己不一樣了，而且對方也改變了。換句話說，當自己改變了，周圍的人也會有所改變。

藉由努力對話，源源不絕地產生這種變化時，如同漣漪在水面上散開，我們也能看到變化在擴大。當每個人都清清楚楚地看到那些變化時，人們稱之為「世界改變了」。

弗雷勒老師說的「對話是改變自己身處的世界最好的方法」，指的大概就是這麼一回事吧。

印度之所以能擺脫殖

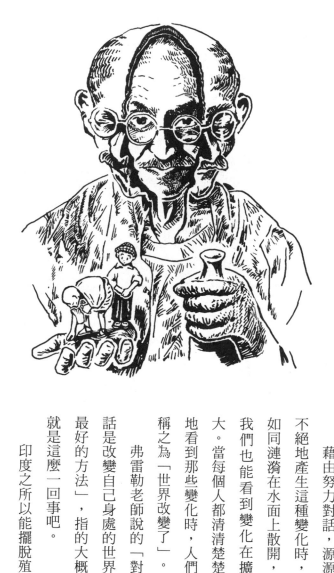

民地的地位，也是從一個人透過非暴力、不服從的手段來反抗迫害開始，名符其實地改變了世界的聖雄甘地（Mohandas Karamchand Gandhi）也說過同樣的話：

我的心中早已存在世上所有的傾向。只要能改變自己，世界也會跟著改變。世界會對能改變自己天性的人改變態度，這才是教育的真諦。再也沒有比這個更美好的事了。幸福就從這裡開始。

先理解了這段話，再接觸到弗雷勒老師接下來的話時，我們應該都能深刻地理解他埋藏在對話中的深意。

別怕面對這個世界。別怕傾聽世界上正在發生的事。別怕揭開世界表面的假面具。別怕與人相遇。別怕與人對話，因為對話能讓彼此成長。別認為自己是在改變歷史。別認為自己能支配人類，也別反過來認為自己能解放受到迫害的人。而是去感受在歷史中發生的一切，肩負承諾，與其他人一同奮鬥。我認為這樣就夠了。

——保羅・弗雷勒

弗雷勒老師以悲天憫人的目光關懷受到迫害的人，同時也透過教育解放人類與恢復人類的天性，並為此奉獻了一生。我謹記他的教誨，繼續思考接下來該如何打造學習的場域。

弗雷勒老師讓目不識丁的窮人
從討論自身現實生活周遭的事情開始，
教他們讀書識字，好讓他們參與選舉，改變世界。

這就好比在沙漠澆水、培育森林，絕不是一件易事。
但他從理論與實踐兩方面同時進行，
最後收獲了豐碩的成功果實。

弗雷勒老師直到最後都相信對話的力量。
他教會我，透過對話來改變自己，
對方就會改變，社會也會改變。
這就是改變世界的魔法。

連成大圓的小小弧線

關於教育的目的「為什麼要受教育？」和學校存在的意義「學校為什麼存在？」，前面已經看過許多人的想法了。

儘管前面的論述主要都著眼於差異上，另一方面，他們共通的部分也很值得學習。那就是在思考教育理想的模樣時，也會認真地思考「理想的社會該是什麼樣子？」盧梭先生於同一年出版了《愛彌兒》與《社會契約論》，歐文先生也為了讓工人們免於貧困，進行教育改革，弗雷勒老師則是同時推動社會改造理論與實踐的教育學者。

教育與社會是齊頭並行的，只要改變社會，就能同時改變教育。仔細想想，這是理所當然的，但是能深刻理解到這一點，對我而言仍是非常重大的收穫。

即使對現在歐洲揭示的「教育的目的在於打造自由平等的民主國家」的理想深有同感，但這其實是海市蜃樓，誰也沒有真正相信。如同我前面所說，為了培養出「民主社會的旗手」而保護小孩，不僅沒能為孩子們帶來自由與平等，反而只是隱藏了更多不平等，形成了一個菁英體制的社會，以平等之名，認為能力就是一切；以自由為名，迫使每個人自我負責。

在思考未來的教育時，不能直接套用過去任何一個時代的教育目的及學校的存在意義。理解到這一點後，我不由得傻住了。

明明是為了激發靈感，才踏上探索之路，難不成根本都無法參考嗎……？明白到我們只能創造新事物確實是很大的收穫，但真的沒有其他辦法了嗎……。

「不，等一下喔。」我這時突然想到一件事。

話說回來，他們主張的「問題」究竟是什麼？那個「問題」導出的答案就算不符合時代，但「問題」本身並不會過時吧？試著回溯他們的出發點「問題」，從那裡再次出發如何？

在冒險的旅程中，我學習到一旦感覺此路不通，就要回到根本的問題，這次也決定這麼做。

首先，我們關注於這些先人們提出哪些問題，於是發現有兩個根本的問題，分別是「身為人類如何好好生活？」與「什麼是公共利益？」

如今，我們生活的時代出現了許多如複製人或設計嬰兒、延命治療等倫理上難以判斷是非對錯的技術，也可以說是人類的生死界線變得越來越模糊的時代。正因為是這種時代，「身為人類如何好好生活？」的大哉問就變成很重要的問題。

另外，現代文明及資本主義引起的環境危機問題，也暗示我們必須思考「公共利益」的新意義。如果繼續奉行現在這種大量生產及大量消費大行其道，只追求利益的資本主義，人類將永遠無法克服環境危機。光是能解決盧梭先生開示的「如何培養出既為善良的個人，也是善良的社會人這種真正自由的人類」的課題，就能充分解決這些問題。我們無疑正處於必須認真思考超越「人類中心主義」（anthropocentrism），找出更新、更好的公共利益。

成立以低利、無擔保貸款的銀行，幫助過許多窮人的孟加拉企業家和經濟學家穆罕默德・尤努斯（Muhammad Yunus）先生，以前在演講上對年輕人說過以下這段話：

現今的經濟學將人類形塑成純粹利己的存在，鼓吹人們追求利益最大化。我們以合乎經濟理論的方式接受教育、受到訓練，結果把人類變成了「賺錢機器」。換句話說，經濟理論決定了全世界的思考方向。

你們具有無限的可能性，是人類史上最有活力的世代。由於科技唾手可得，可以如魔法般將創造力用來解決世界上各式各樣的問題。你們該做的是跳脫過去的思考框架，隨時致力於解決問題。

如他所說，假設我們是人類史上最具有活力的世代，便應該將這些活力灌注於人類最大的課題「改善地球環境」，藉此對後續的所有生命負起責任來。

研究到這裡，我發現自己似乎終於掌握到未來教育的目的了。教育過去都是以幫助人民擺脫貧窮，創造自由、平等的民主社會為目標。但是隨著「身為人類如何好好生活？」與「什麼是公共利益？」的叩問，我想將教育的目的進化到以下層次。

首先，「好好生活」是指「人類反省過去破壞大自然生態的事實，珍惜各種自然資源，扮演好保護者的角色」，「公共利益」則定義為「改變世界，致力於創造出所有的物種都能活得健康快樂的地球」。以上，這才是「度過幸福人生」的新定義，我希望以此做為教育的目的。

為什麼呢？因為「讓整個地球變得更好」，在接下來的時代是「只有人類才能辦到的最偉大的工作」。即使出現再優秀的人工智慧或機器人，也只有人類具有價值判斷與創造力。只有人類能判斷什麼東西有價值，那個東西又具有什麼意義，並從中感受到創造力。

因此不要只是以經濟上的成功為目標，培養出會在不知不覺中被人工智慧或機器人取代的人類，而是大家應該要合力培養出能利用人工智慧或機器人從事「只有人類才能做的工作」，並且樂在其中，能創造出這種新工作的人類。「讓整個地球變好的工作」絕不是一、兩個英雄可以辦到的事。正因為如此，盡可能增加從事這種工作的人類，我認為是我們生活在二十一世紀的義務，也是責任。

不只生活在現代的我們，未來的世代也應該積極追求這樣的生存之道。如果要讓整個世界變得更好，就必須世世代代持續做下去，所以讓所有人都相信「正因為當時做了這件事，活在現代的我們才能不斷地擴大、積累」，是非常有意義的事。

我們應該學習的正是這種從未來的角度思考問題的態度。

人類往往很容易只看到眼前的事物，幾乎沒想過要用自己的一生完成什麼事。不僅如此，甚至連幾年後的事都不去想。如此一來，還能透過傳承好幾代去創造、完成什麼事物嗎？

我認為一定可以。也相信一定可以。

以下是英國詩人羅勃特・白朗寧（Robert Browning）在〈阿布特・沃格勒〉（*Abt Vogler*，一八六四）這首詩裡的一個小節。

> 地上是破碎的弧線；天上是完美的圓。
>
> On the earth the broken arcs; in the heaven, a perfect round.

畢生貢獻給臨終醫療的日本醫學家日野原重明醫生說，這首詩是身為牧師的父親教他的。他總是這麼勉勵自己：

> 描繪遠大的願景，就算無法在自己的有生之年實現，就算我們只是圓的一部分，後世的人遲早有一天會完成這個圓。

我們只是巨大圓弧中極小破碎的一小段弧線。然而，正因為是「破碎的弧線」才能匯集許多小小的弧線，集合眾人之力描繪巨大的圓。巨大的圓起初也都只是破碎的弧線。就算自己無法成為最初的弧線，也能成為某人筆下大圓的互相連接一段弧線。

這才是教育和探索的本質，不是嗎？

身為人類好好生活是怎麼一回事呢？
什麼又是人類的公共利益呢？

我發現在思考「教育是為了什麼而存在？」
或「學校的存在意義是什麼？」時，
這兩個問題非常重要。

而且我發現為了守護健全的地球，
改變世界是只有人類才能做的事。

我相信教育的目的是
提供各式各樣的支援給擁有這種志向的人，
為了集合眾人之力，成為群體的起點，才是學校的存在意義。

終生歸零學習

「讓整個地球變得更好」是從現代與未來的角度來思考，只有人類才能做到的最偉大的工作。我說過那才是人類最理想的生存之道，但我認為應該還要具備另一個觀點，那就是來自過去的觀點。

具體地說，以前受到讚揚的事，隨著時代變遷，開始收到過時或負面的評價，我們可以為這些逐漸廢棄的東西賦予新生命。舉例來說，透過對某項過去的技術賦予新的意義，發現為了創造出更棒、更好的技術，過去的技術也是不可或缺的一環，使其能夠獲得新的評價。

舉例來說，塑膠產品基於成本低廉、容易加工、持久耐用的理由，大量使用於一次性的醫療器具等等。然而，塑膠是造成嚴重海洋汙染的原因之一，已經不能再不加思索地使用了。從這個角度來看，塑膠產品的風評越來越差。

另一方面，名為「綠色塑膠」（green plastic）的新材料正逐漸受到矚目。綠色塑膠的正式名稱為 biomass based

biodegradable plastic（生物質基生物可降解塑膠），是利用能被微生物完全分解、消耗的植物所研發的新材質。既有塑膠的優點，又對環境沒有負擔，可望為社會帶來相當驚人的改變。只要這種材料夠普及，或許石油材料就能獲得全新的評價：「為了創造出綠色塑膠的重要過渡」。不僅如此，要是能發明一種「既不破壞環境，還能改善環境的塑膠材質」，肯定能大幅改變其評價。

透過革新技術，為先人們的發明帶來良好的影響；珍惜各種技術的多樣性，而非妖魔化致力於創造新價值的人。我認為讓整個地球變得更好，非常需要這種態度。

這時，拋開常識，從根本上重新審視自己，再與新的學習結合而成的「歸零學習」，將會成為比「傳統學習」更關鍵的學習態度。在人生旅途中重複著學習與歸零學習，我認為這種態度才是「探索」這句話真正的意義。

那麼，在這種情況下，學習的場域該是什麼模樣呢？

從結論來說，我認為應該是「為了讓世界變得更好而聚在一起的探究者們所形成的社群」。這是一個由志同道合的人組成，彼此互助合作，獨立運作的社群，我想將此重新定義為「為了歸零學習而集合的社群」。

傳統的教育機構是「為了學習才去的地方」，但我想顛覆這個意義。老實說，一個人在哪裡都能靠自己學習，但光靠自己無法「歸零學習」。唯有與同樣也想歸零學習的人對話，才能辦到這點，因此形成社群只是為了歸零學習，除此以外再無其他。

更何況，孩子們尚處於不需要歸零學習的狀態，必須歸零學習的其實是已經學了太多東西的大人。另一方面，基於各式各樣的理由，孩子們在行動上受到很多社會的限制，幸好大人可以幫助他們。換句話說，大人與孩子可以互相成長、互相學習。正因為如此，大人要盡量跟小孩子在一起，彼此學習與歸零學習。這也意味著要把初等教育的場域重新定義成「不問年齡，而是所有想探索、研究新學問的初學者聚集的場所」。

「以前的學校居然是把相同年齡的孩子們集中在一個教室裡上課？」「真的假的？

為什麼？」

我相信總有一天，讓人們如此大吃一驚的時代遲早會來臨。「為了促進歸零學習，一個可以多樣化探索的環境這點很重要，把相同的人聚集在一起反而不利於歸零學習」的觀念將變得理所當然。

一般而言，人的年紀越大，經驗的累積越多，就越難接受歸零學習。因此為了一輩子都能不斷地探索，學會歸零學習至關重要。儘管如此，現代人卻不怎麼重視歸零學習。歸零學習與學習是一體兩面的關係，因此把未來的學校強調為「終生歸零學習」的場域，而非「終生學習」的場域來得更恰當，不是嗎？

關於這件事，我想起一件小時候與父親的回憶。在第二次世界大戰後、百廢待舉的時代背景下，父親白手起家，靠自己的力量闖出一片天。我出生的時候，上頭已有三個哥哥，我是老么。因為是父親晚年才獲得的兒子，父母都對我寵愛有加。不過，父母為了操持家業從早忙到晚，所以我記得自己從小大部分的時間都待在父母工作的地方。

當時父親的事業做得很大，隨時在找機會拓展新店面，所以只要找到合適的地方，就會帶我去現場探查。父親會在現場攤開一張大地圖，詢問我的意見：「泰藏，這裡的地段是這樣那樣，會有這類那類的客人，我認為應該會有這麼大的市場規模，你覺得呢？」從父親認真的眼神中，可以充分看出他是真的在詢問我的意見。

「萬一我隨便亂說，害爸爸信以為真的話，我們家可能會出大亂子。」我非常緊張，認真地思考後，並提出直率的意見。

「原來這樣也可以？」我童言無忌的點子令父親大吃一驚：「這樣啊，我都沒想到可以這樣！真是個好主意！」父親很滿意我新穎的想法，看到父親驚訝的反應，我也興奮起來，得意忘形地提出越來越多的點子。父親在不損其瘋狂程度的情況下，實現了其中最異想天開的點子。

父親是個不屈不撓、意志非常強大、個性非常獨特的創業家，別人越是反對，他越是要硬幹到底。因此不怕失敗，實現了好幾個我異想天開的點子，對我而言，那是非常重要的體驗，能讓我清楚地感受到「我真的可以改變世界！」

現在回想起來，父親經常帶我去現場雖然也包含了想盡量跟兒子相處的心情，但應該也是基於認為帶兒子去工作場合是一種良好的教育方式。與此同時，大概也感受到我的存在有助於自己「歸零學習」吧。

父親從未把我當小孩看，也沒有任何師父和徒弟之類的尊卑關係，只有對等的伙伴間的信賴關係。我們都很清楚的默契是「無論是誰，只要能提出優秀的點子，那就是我們共同的勝利！」所以只要能產生好點子就會很開心，互相欣賞、互相尊敬，形成最完美的關係。

我想利用這樣的關係性打造新的探索空間。這是我此時此刻真心真意的想法，也有一定能辦到的自信。因為我小時候實際經歷過這一切，同時也打從心底感謝父親，是他讓我認知到這一點的重要性。接下來，我想把這件事盡可能傳承給更多的孩子們。

我認為一定能傳達出去。因為我相信其他的孩子們肯定也能理解我從父親那裡繼承的情感。

捨棄截至目前學到的價值觀及行為模式、主觀意識等等，
並重新學習新東西的態度，就是「歸零學習」。

我們終其一生都要找出新的意義，持續成長。
我相信這是人類生存的唯一方式。

當「終生歸零學習者」齊聚一堂，
一起開開心心地探索、交流，
打造歸零學習需要的環境。
我相信那就是「未來的學校」。

無論面對任何事都能永遠保持初心，
終生歸零學習者是永遠充滿期待、最快樂的學習者。

留給後世的珍貴遺產

最後，我想回顧這一章的冒險之旅。我明白了自己心中一直抱著「為什麼我們需要教育？」、「學校為什麼存在？」的問題，而這兩個問題則源於「人類如何好好生活？」與「什麼是公眾利益？」的問題。

經過不斷思考，先人從中推導出教育的目的，分別是「為了讓孩子們擁有自由生活的力量」和「培養孩子成為民主社會的公民之一」。前者將目光焦點放在孩子身上，後者則是從社會的角度出發，都是教育的終極目的。

然而，「生存能力」說穿了只不過是「能在資本主義社會中活下來的能力」，而且那只是一種「虛假」的能力。換言之，以那種虛構的東西為目的推行教育，結果就是會招來各式各樣的不幸。

而且，我們已經可以看見那種能力將被「菁英體制的祕密武器」，也就是人工智慧取而代之，如果再持續這樣的教育，我們將會陷入走投無路的境地。正因為如此，我們必須改採截至目前最被推崇的教育方式——歸零學習才行。具體作法是以積極的態度看待，「拜人工智慧所賜，我們已經不需要再大聲提倡『生存能力』的重要性了」，為教育帶來「意義上的革新」。

這裡我重新留意到一個天經地義的事實：「即使不培養『生存能力』，大家也都能好好生活。」退一百步來說，即使你認為在社會上行走多少還是需要「生存能力」，但讓孩子們適應這種社會也不是教育，幫助孩子們能夠改變這樣的世界，才是教育的使命。

這點不只對孩子們，對所有人都適用。因此我們終其一生都要「學習」的同時，也應該不斷地「歸零學習」，持續探索世界。其目的在於讓人類成為保護自然多樣性的存在，讓這個地球盡可能變好一點，再交棒給未來的世代。這是「好好生活」的新意義，最終也會帶來「公共的利益」。

而且，我們還要打造不分年齡，所有人都能一起探索的社群。這是未來學校的理想模樣，我據此描繪出願景。這也意味著將學校原有的意義「培養身為社會一員必要資質的場域」改為新的意義「為了持續改變自己的場域」。換句話說，這是將學校的意義從「為了讓社會改變自己的場域」扭轉成「為了讓自己得以改變社會的場域」的革新。

正當我在公園散步，整理腦中的思緒時，突然想起那本書。這麼說來，那位老師是怎麼說的呢。我想再看一次那本書！

那本書是日本教育家兼文學家內村鑑三的《留給後世的珍貴遺產》（直譯，一八九四）。我在大學時期被朋友推薦而拜讀，當時只覺得「記錄演講的敘述手法好有趣啊」，還沒有到打動心弦的地步。

◆

可是我現在懂了，而且馬上就想看，於是我轉身快步地走回家。經過公園出口附近的轉角時，我記得那裡有個綠色的小池塘，然而眼前卻是一片巨大的藍色湖泊！

草木鬱鬱蒼蒼的香氣撲鼻而來，反應過來時，我的四周都是濃密的綠意。正當我有些不安地東張西望，聽見黃昏時分的湖畔一隅傳來一群人的笑聲。

他們在做什麼？我加快腳步走過去，原來是個偌大的演講會場。我的目光越過那群熱血沸騰的年輕人們，只見有個男人坐在椅子上，靜靜地說話。

「十三歲的時候，我在家父送給我的這本書裡，看到賴山陽的漢詩，於是立志想當個名留青史的人。」

男人向大家介紹他手裡拿的書，接著說：「然而，在那之後，我接觸到基督教，產生了基督徒不應該汲汲營營功名利祿的念頭。」

男人的輪廓十分深邃，嘴邊留著鬍子。

「不過，我有一個希望。當我問我自己的心，只要能平靜地上天堂就好了嗎？那一刻，我心裡出現一個崇高的願望。」

直覺告訴我，這個人就是內村老師沒錯。

「沒錯，我死後不只想上天堂，還想留下一點東西。不是為了得到後世的讚揚，也不是想留下我的名聲，我只是想在世上留下一個紀念品再離開，紀念我有多麼愛這個地球、多麼愛這個世界、多麼為我的同胞著想。」

老師的世界觀宏大得令人耳目一新，強烈的情感一下子就吸引住我。老師輪流打量在座的年輕人，語氣堅定地接著說。

「各位不想在死去之前，盡可能讓這個世界變好再離開嗎？不想闖出一番事業來，盡可能讓這個國家比我們出生的時候更好一點才離開嗎？」

說到這裡，老師舉了他想留下的兩個東西。一是「錢」。老師舉了一些美國的資產家當例子，他們都把畢生累積的財產捐獻給孤兒院或黑人兒童的教育。老師說死後為國家社會留下許多遺產，其實是很崇高的願望。但因為賺錢很難，如果賺不到錢，就留下「事業」吧。老師又舉了治水事業及探險事業的例子。

說時遲、那時快，周圍瞬間暗下來，我被幽微的光線籠罩著，發現自己又回到了房間。我拾起掉落在腳邊的書，輕輕地拍掉灰塵，放在床頭櫃上，一下子就睡著了。

一覺醒來，我又站在演講會場上。看樣子是第二天早上了。

內村老師繼續昨天的話題。賺錢很難，要留下一門事業也不是件容易的事，既然如此就留下「思想」吧。例如留下能給予後世良好影響的書，或是透過教導年輕人學問，留下思想的遺產。老師極力強調這也是非常珍貴的遺產。

總之，首先是錢。如果無法留下錢，就留下事業。如果還是不行，就留下思想。話雖如此，這也不是一件容易的事……。

當我內心這麼想時，老師彷彿也想到了這件事，詢問聽眾：「假如既當不成企業家，也賺不到錢，還沒有東西可以教人的話，我就是個沒用的人、平凡的人，可以去死一死了嗎？

「我的答案是『不』。人生在世，不管任何人都是有益而無害的，都有可以留給後世的珍貴遺產（the Great Legacy）。我認為那就是——勇敢又高尚的人生。這才是真正珍貴的遺產。」

年輕人們全都以真摯的眼神看著內村老師，後者的聲音迴盪在整個會場。

「即使我們無法留給後世任何東西，既使後世的人根本記不得我們做了什麼，我也想留給後世的遺產是，這個人至少這輩子都活得非常認真的印象。」

老師在熱烈的歡呼掌聲中下臺，我拿著書追上去。倒也不是想跟老師說什麼，只是無論如何都想靠近老師身邊。

老師背對著我說：「我很幸運能在有生之年寫下這本書，感謝上蒼讓我這一生中經歷了許多與這本書裡的內容多所牴觸的事。我對這本小書能成為我『留給後世的珍貴遺產』之一，充滿感恩。」

老師留下一本書做為「留給後世的珍貴遺產」，「勇敢又高尚的人生」也是老師留下的「珍貴遺產」——老師，我一定會繼承你的遺志。

◆

我熱淚盈眶地喃喃自語，或許是聽見我的聲音，老師靜靜地停下腳步。

內村鑑三
（1861–1930）

然後我醒來了，又是在平常的寢室裡，身旁有一本打開的書。

「什麼是留給後世的珍貴遺產？」這個問題的答案不外乎錢、事業、思想等，讓聽眾們不由得大失所望，老師又說：「正因為自己無能為力，上天才給我們機會留下勇敢又高尚的人生。」

這是多麼令人意想不到的答案，給了我無比的勇氣。

「我想留給後世什麼東西？」這個問題完全是在質問人生的本質。那麼，我們到底該過上什麼樣的人生呢？說得再直接一點，該怎麼迎接人生最後的時光呢？

我們很少有機會深刻思考自己的人生，幾乎也沒有機會思考「死亡」這件事。因此對於「死亡」的想法除了「自己的時間走到終點」之外，沒有任何概念。不管人生如何起伏，唯有終將來臨的死亡始終是「人生這本書的最後一頁」。正因為如此，我們怎樣都「不想死」，不自覺地對死亡感到恐懼。

仔細想想，我們為什麼「不想死」呢？如同內村老師所說，我們的內心深處大概都有著「想留下自己活在這個世界上的證據」的念頭。想是這麼想，卻又不曉得該準備些什麼、怎麼準備才好，也懶得想，所以總是能拖就拖，不去面對。

無奈「死亡」總是來得猝不及防。正因為如此，真到了死到臨頭那天，才會發出絕望的吶喊：「我還沒有準備好啦！」不是嗎？

那麼，為什麼會覺得「還沒有準備好」呢？那是因為我們都在潛意識中想留下某種「結論」或「完成品」的東西。但我們不管活到幾歲，甚至是到了真正的「臨死之前」都無法準備好上述的結論或完成式。儘管如此，我們仍一心認定自己非這麼做不可、我們都想這麼做不可，也正因為如此才會覺得「都還沒有準備好要給誰留下什麼東西，我不想就這樣死去！」

因此，反過來說，不要想著「想留下完成品」就好了，而是如內村老師所說，思考「只要留下勇敢又高尚的人生就好了」。

話題又回到教育是什麼。不就是讓後世的人見證自己面對大哉問的態度嗎？不就是改變不合時宜的事物、方向不對的事物，用自己的一生持續探索「如何才能拯救世人」、「如何才能讓這個地球變得更好」嗎？這才是「勇敢又高尚的人生」，我們只要把這些東西留給後世的人，不就好了嗎？我是這麼想的。內村老師也說：

「這個世界並沒有那麼悲觀，而是充滿歡喜。」讓我們用一生體現這樣的想法，並在離開世界前，將這樣的一生當成送給世人的禮物。我認為任何人都能留下這個遺產。

我在這本書裡介紹許多先人的理由，無非是想讓大家了解，我從前輩們的人生中得到了多大的勇氣，也想賦予閱讀這本書的人們勇氣。

我想讓大家知道偉大的先人們、同時代的同志們，以及自己的親朋好友們的人生有多麼「勇敢又高尚」，並透過自己的人生讓大家看到我的「生命意義」有多大的改變。這才是「教育」的意義，才是「好好生活」的意義，才是「公共利益」，才具有賭上人生的價值。以上是我的結論。

世界必能改變。

只要你能改變自己，遲早能改變世界。

只要與現在和過去、未來的伙伴同心協力，一定能辦到。

我們都是地上破碎的弧線，是連成穹蒼這個巨大螺旋的一段微小的弧線。

就算只能成為大圓的一小部分，後世的人總有一天會幫我們完成那個大圓。

只要能打從心底這麼想，死亡就不是「人生故事的結局」，根本沒什麼好寂寞的。

……嗯，是這樣的嗎？老實說，我也不清楚（笑）。

因為不清楚，只要我還有一口氣，從今往後也想快快樂樂地繼續探索下去。

要留下什麼給後世呢？
我與內村老師一起再次確認，
這才是關於教育最終極的問題。

透過自己的人生，讓後人看見「生命意義」的變化。
這才是學習、才是教育，才值得奉獻上自己的人生。

老師的教誨是基於「我可以改變世界」的信念，
我發現他是以另一種形式表現出我的想法：
我認為每個人都應該窮盡一生讓世界變得更好。

留下「勇敢又高尚的人生」吧。

所以，別再迷惘了。

如此這般，我的旅程要暫時告一段落了。

Q

總結

再問一次，人為什麼要學習？

面對這個最根本的問題，我已經做好正面迎戰的準備了。

經歷漫長的旅途，以下是我的感想。

回過頭看，這段旅途其實比我想的更加宏大。

接觸到古今中外五花八門的思想，持續構思新世界的旅程，讓我非常快樂，充滿了獲得新知的期待。

至此，終於到了要做出結論的時候了。

人之所以要學習的理由。那就是——

（寫下你的答案吧）

寫在最後
展開新的冒險

「讓社會往好的方向前進的那個『契機』在什麼地方呢？」

這個問題是我之所以展開探索之旅的理由，也是直到今天仍在摸索的課題。

我認為答案就是「改革教育」，因此我開始思考各種讓教育升級的方法，也因此寫了這本書。從而產生更多新的疑問，當我以自己的方式探索的過程中，了解許多歷史及先人的智慧，而且還發現歷史與先人的智慧全都盤根錯節地互相影響。從那時起，旅程開始超展開，結果就成了這本書。

美國作家丹尼爾・昆恩（Daniel Quinn）說過以下這句話：

「老舊的願景」與「嶄新的計畫」無法拯救世界；能拯救世界的是「創新的願景」與「沒有計畫」！

（※本書作者譯）

旅行的好處在於沒有計畫，因此每次發現什麼有趣的訊號，就能立刻大膽地採取行動，沒有包袱這點至關重要。我將這點謹記在心，從事各種學習，遇見各種令我大開眼界的點子。

寫了這麼多，我想表達的意思非常簡單，只要快樂地玩、盡情地玩就行了，不想學的東西就不要學，不想做的事就不要做，更不需要滿腦子都是對未來的擔憂，為此感到不安。

正因為不曉得什麼有用，所以既不用遵循世人口中一面倒的好，也不用遵守某些人規定的衡量標準。

做自己喜歡做的事，可能對自己和大家都有益處喔。別把小孩當小孩看待，別把大人當大人看待，大家一起創造、分享一切的話，肯定能相處融洽，成就許多事情。要是能這樣快快樂樂地過完一生，不是很棒嗎？

人生的祕密就只是這樣而已。世人或許會笑我是夢想家，但我相信這麼想的人肯定不是只有我一個人而已。

由於我真心這麼想，踏上探索之旅的結果，我得到了最偉大的發現，就是邊與同伴玩耍，邊創造能讓人探索「讓世界變得更好」的場域，即「獻給冒險者的遊樂場」。

「遊樂場」共通的主題就是「最終」創造出讓世界比現在更好的「新世界」。我指的可不是現代社會的改良版，而是孕育出一日千里，幾乎可以稱之為「全新的世界」，藉此一口氣解決現在所有的重大問題。

儘管新世界的輪廓看起來還很模糊，但世人們已經能隱隱約約地看出「肯定是這樣吧？」、「如果是這樣的話肯定會很快樂吧！」的世界。

那是個能沉醉在共同創造的樂趣與喜悅裡，既不受時間限制，也不會感到不安，在製造者與使用者互相欣賞的基礎上，建立幸福的信賴關係、互相連結的世界。那是每個人都相信「為了讓世界更好的運作，最好的方法就是以餽贈填滿全世界」，每個人都能過上自己嚮往生活，同時接受多元價值的世界。

用文字表達可能會有點不知道我在說什麼，但我仍想先試著實際打造出這樣的世界。我想先從創造小小的生態系開始，因為這是孕育新世界的起點。我想為其取名為「終生遊樂場」（Lifelong Playground）。

這不是為了什麼目的才去的地方，而是先去了再說，去那邊不管做什麼都是玩樂，是很特別的地方。正因為不曉得會發生什麼，所以才能創造出新的玩法、新的種子。人們可以隨時在那裡學習與歸零學習，能夠打開把自己封閉起來的「盒子」，釋放所有可能性。我認為這才是「學校」應有的新面貌和新意義。

事不宜遲，我又要踏上打造「終生遊樂場」的旅行了。

期待在旅途中的某處遇到各位。

這次輪到你寫下你的《冒險之書》了。

感謝旅途中的伙伴們

每當我對社會及教育產生單純的疑問，就會寫在「探索筆記」上。起初只是自己做個記錄，不知從什麼時候開始，為了能與具有相同疑問的朋友分享，我從這些問題中學習、思考到的事，我開始寫成隨筆散文。我認為這對我而言是很有益的輸出；對大家而言，或許也能做為參考。實際試了之後，發現效果非常好，如今已經不用任何人要求，我就能輕鬆愉快地寫出一堆隨筆。

有一天，編輯**中川裕美女士**看到我最新上傳的文章，問我「要不要出書？」從此開始了這本書的製作過程。與她討論的過程中，我開始覺得「如果要寫一本書，一定要傳達給那些創造未來的年輕人」，於是我將過去兩年來幾乎每天筆耕不輟的隨筆，重新撰寫成獻給年輕讀者的內容。又花了大約兩年的時間，終於完成了這本書。

許多哲學家及思想家、研究家的著作及論文因為太在乎內容的正確性，沒有預備知識的人通常很難理解。為了讓讀者更容易理解這本書裡引用及參照的意思，我想到用「角色扮演」的方式來表達，就像我穿越到過去，與作者對話一樣。與我一起思考這個作法，協助我執筆的**施依依女士**、**福地美貴女士**、**堀井章子女士**、**渡邊賢太郎先生**都對本書做出偉大的貢獻，說是我們「共同執筆」也不為過。登場人物的臺詞幾乎都是以作者本人的論述為基礎，我小心不要過度渲染，以免偏離參照及引用的原意太遠，尤其為了呈現出對話的感覺，在遣詞用字及語氣上特別小心。舉例來說，親鸞是京都腔，而唯圓說話則是河和田（現在的茨城縣水戶市）的腔調，拜負責修訂的**小笠原治先生**及**小池英智先生**所賜，感覺他們的對話很還原當下。

本書是我的教育理論、社會理論和歸零學習理論的思考集大成，同時也是一本讀書指南，為各位讀者介紹從批判性的觀點出發並改變了世界的偉大先人們的許多「冒險之書」。除了上述的伙伴們，還要感謝協助我撰寫這本書最後面的介紹，負責編輯的**先名康明先生**與**岡田寬子女士**，我才能好好地將「冒險之書」們介紹給大家。另外，我參考了無數的文獻，隨心所欲地想到什麼就寫什麼，因此校對作業相當勞心費力，除了上述的伙伴們，還有**佐藤公彥先生**出色的表現也幫了我大忙。另外，我也想特別感謝不只幫我檢查錯字、漏字及狗屁不通的表現方式，還細心地注意遣詞用字及語順、閱讀時的流暢度，指導我寫出所有文章的**瀨戶久美子女士**。照我的原來寫法可能會變成非常難以理解的內容，居然能調整成如此流暢的文章，說是全仰賴她高深的文字功力也不為過。

另一方面，我很擔心讀者能不能接受這本書的內容，所以每寫到一個階段就與各種不同的人舉行座談會及讀書會、採訪他們等等，從錯誤中摸索、學習。非常感謝為了安排與協調四處奔走的**堀井章子女士**。過程中受到**石井莉玖女士**、**稻田凌佑先生**、**大塚拓哉先生**、**落合希美女士**、**金子透先生**、**田澤惠美女士**、**松本亞莉沙女士**、**森山耀先生**、**山崎路真先生**、以及建議我參考美國年輕人的想法，還曾經一度與我共同執筆的**吉平記子女士**和**吉平健治先生**等許多人的照顧，真的非常感謝大家。即使本書已然付梓，我仍沒有自信大家能夠接受這本書，幸好他們給了我非常多的協助，也給了我非常大的勇氣，我才能走到這一步。

話說從頭，我之所以踏上探索之旅，完全是拜**會田大也先生**所賜，他時而成為我旅途上的指標，時而為我的語境及論點增添色彩，還在本書中粉墨登場，是我獨一無二的盟友，我對他的感謝有如滔滔江水，無窮無盡。另外，告訴我盧梭及弗雷勒等教育思想的**藤原智女士**及**竹村詠美女士**；讓我明白卡內基「欣賞」概念的**木村和美女士**和**木村紀先生**；讓我思考「意義的革新」的**上町達也先生**與**柳井友一先生**、**安西洋之先生**；還有陪我討論時間觀念，最後雖然沒有出現在書中，卻對我的思考方式造成重大影響的**片山崇先生**、**鹽屋純一先生**、**瀧澤久輝先生**、**森本佑紀先生**；從俯瞰的角度綜觀全局，自發性地為我投稿的隨筆擔任編輯的**平野友康先生**、**小笠原治先生**；不厭其煩地與我對話及討論，帶給我各式各樣的靈感，陪我一起旅行的**奧山奈央子女士**、**小島幸代女士**、**重富健一郎先生**；願意欣賞這本書，賦予我勇氣的**飯田沙也加女士**、**上原康大先生**、**奧本直子女士**、**尾花佳代女士**、**栗岡大介先生**、**古川波留香女士**、**宮口禮子女士**等等，我想在這裡向大家強調各位真的都做出了非常大的貢獻。

另外，幫我把《冒險之書》前面寫的隨筆翻譯成英文的作業由**繁田奈步女士**、**大蘿淳司先生**、**西出香女士**、**三宅大介先生**、**山崎惠女士**、**Hoi Leong Lee 先生**一起夙夜匪懈地奮鬥了七個月，我深刻地感受到翻譯成別的語言原來還可以加深理解。這些翻譯的時光也是我思考與探索的過程，拜其所賜，我因此獲得許多新發現，感覺他們也是本書的旅伴。

這麼說來，我也想對給我許許多多的反饋，在我每天發布的隨筆下留言的各位讀者致上最深的謝意。尤其是**有田雄三先生**、**梶岡秀先生**、**更科安春女士**、**新城健一先生**、**谷口真治先生**、**原田朋先生**、**丸山不二夫先生**、**三浦謙太郎先生**、**安川新一郎先生**，各位的指正及質疑經常令我眼睛一亮，帶給我許多我自己可能注意不到的多角化觀點。

我也想藉這個機會介紹一下這本書的藝術性。首先我要向為這本書描繪主視覺的 Comix Wave Films 藝術總監**三木陽子女士**、負責作畫的**西村貴世女士**、美術設計**瀧野薫女士**表達最深的讚美與敬意，拜她們所賜，這本書的主視覺充滿難以言喻的魅力，讓人一眼就被吸引，忍不住盯著看上好一會兒，不知不覺開始感到好奇，然後就被深深地拉進書中所描繪的世界裡，讓《冒險之書》這個書名具有壓倒性的說服力，給予讀者無邊無際的想像力。第一次看到原畫草稿時，我全身起雞皮疙瘩了。非常感謝同樣是 Comix Wave Films 公司的董事長**川口典孝先生**為我集結了這麼優秀的創作團隊，以及負責策畫的**倉田泰輔先生**，兩位的恩情我一輩子沒齒難忘。

其次，我也想大力讚揚負責繪圖的**あけたらしろめ（aketarasirome）先生**，為他用力鼓掌，感謝他因循美術史及音樂史的脈絡，描繪出富有玩心與奇思妙想的作品，一張張匠心獨運的畫作讓人情不自禁地停下閱讀文章的視線和翻閱書本的手，完美平衡身為藝術家的原創性與名為「插圖」的功能制約帶來絕妙的創造力等，讓人覺得這些作品的價值遠遠超出這本書的插圖定位。

他的作品也是因為喜歡畫畫，樂在其中，不知不覺就變得很厲害的例子。可以說他在體現這一點並創造出美好作品的行為，無疑比我的寫作本身更有說服力。

另外，tobufune 的**小口翔平先生**、**畑中茜女士**、**青山風音女士**的書籍設計將封面的魅力發揮到淋漓盡致，把插圖蘊藏的力量完整呈現出來，轉變為讓人繼續往下閱讀的動力，挑選合適的字體來提升信賴度，再以線條及色調的處理來增加彈性及童心，將錯綜複雜的要素整理得井井有條，好讓讀者更能理解我想表達的意思，他們出色的創作也令我感動萬分。

我也要感謝我的盟友**小西利行先生**為我寫下的精彩文案。平常我都親暱地稱呼他為「小西西」，但他的文案精彩到我覺得叫他「小西西」實在太不敬了，因為他在創意的世界裡完全是第一把交椅。同樣地，於公於私都是我最好的「玩伴」，也是我的老大哥——**大蘿淳司先生**與**宮田人司先生**，在這本書的製作過程中也從各個角度提供我一流的意見。還有對我而言等於是實踐了這本書思想的VIVITA小伙伴們，尤其是**耶娃・馬裘利歐尼提女士**、**大野愛弓女士**、**境理惠女士**、**佐藤桃子女士**、**瑪麗・莉絲・林道女士**，感謝各位隨時給我實踐後的即使反饋，對這本書的內容帶來了相當大的影響。

正因為一起玩的時候很開心，我經常提出許多任性的要求，所以要再次感謝**中川裕美女士**、**福地美貴女士**包容我的諸多要求，以完成一本更好的書為目標，全力以赴。

以上是直接對製作《冒險之書》有具體貢獻的人，光是這樣就已經受到這麼多人的幫助，令我再次深深地感受到這本書真的受到好多人的支持，在寫下這段謝辭的時候我都要哭了。

各位都是改變我、無可取代的存在。倘若沒有各位，這本書就不可能問世。同時我也衷心感謝包括**秋吉浩氣先生**及**宇井吉美女士**、**北川力先生**、**高木慎一朗先生**、**堤大介先生**、**元木大輔先生**、**雪莉・克莉斯塔・裘爾**、**傑瑞米・西姆斯**、**海娜・L・里茲**、**金麥可**在內，也非常感謝形塑我這個人的許多創業家及藝術家、珍貴的朋友、我愛的人們。要感謝的人太多，在此無法一一列舉，我只好想著他們每個人的臉，在心裡默默地致上謝意。

最後，我在寫〈父親的一封信〉時，腦海中浮現出**海星**、**健**、**光輝**、**泰斗**、**春**、**美亞**、**美由**、**蓮**，還有**亨利**、**卡洛琳**、**俊介**、**翔平**、**美奈**、**湊**、**類**等VIVINAUT們，教我「無用之用」與「終生歸零學習」的**三憲**，還有**井蛙**、**玉子**、**正明**、**正義**、**正憲**等人，很高興他們願意接棒，這是我至高無上的幸福。

還有各位讀者，真的真的非常感謝大家。

附錄

APPENDIX

在世界各地的冒險之書們
本書的80個提問索引
參考文獻

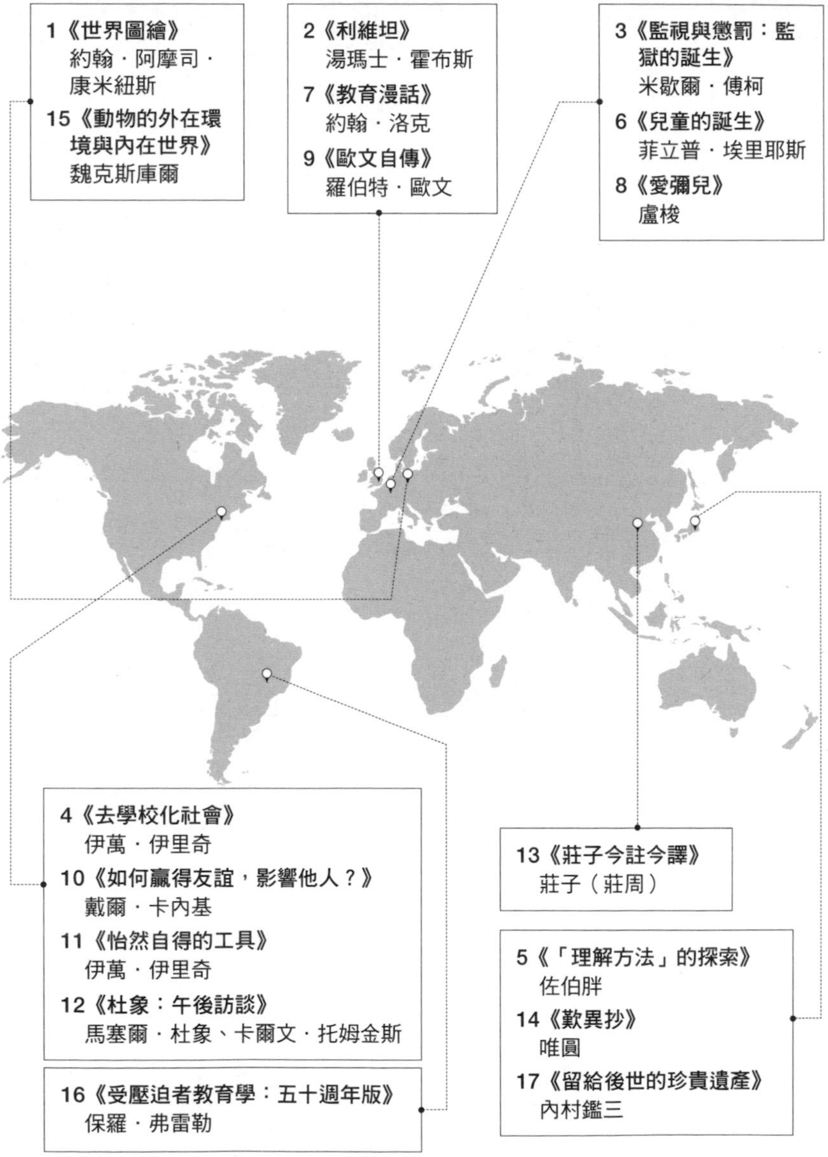
1《世界圖繪》
約翰．阿摩司．康米紐斯
15《動物的外在環境與內在世界》
魏克斯庫爾
2《利維坦》
湯瑪士．霍布斯
7《教育漫話》
約翰．洛克
9《歐文自傳》
羅伯特．歐文
3《監視與懲罰：監獄的誕生》
米歇爾．傅柯
6《兒童的誕生》
菲立普．埃里耶斯
8《愛彌兒》
盧梭
4《去學校化社會》
伊萬．伊里奇
10《如何贏得友誼，影響他人？》
戴爾．卡內基
11《怡然自得的工具》
伊萬．伊里奇
12《杜象：午後訪談》
馬塞爾．杜象、卡爾文．托姆金斯
16《受壓迫者教育學：五十週年版》
保羅．弗雷勒
13《莊子今註今譯》
莊子（莊周）
5《「理解方法」的探索》
佐伯胖
14《歎異抄》
唯圓
17《留給後世的珍貴遺產》
內村鑑三

在世界各地的冒險之書們

1《世界圖繪》

Orbis Sensualium Pictus

初版：德國，1658

作者：約翰・阿摩司・康米紐斯（Johann Amos Comenius，1592-1670）

繁體中文版：張淑英譯，大塊文化，2019

人類只要深入理解一切，自然會變得聰明；只要變聰明，就能打造出沒有紛爭的和平世界，因此我想寫一本能讓所有人都能快樂學習的書——這本書就是基於這樣的想法於一六五八年出版，在十八世紀是僅次於《聖經》最暢銷的書。這是世界上第一本繪本及教科書，透過質樸的版畫與溫暖的文章讓人學習自然及文化。

2《利維坦》

Leviathan or The Matter

初版：英國，1651

作者：湯瑪士・霍布斯（Thomas Hobbes，1588-1679）

繁體中文版：莊方旗譯，五南，2021

透過這本書可以親眼看到我們視為理所當然的「國家」被發明出來的過程。霍布斯出生在戰爭期間的英國，嚮往世界和平，立志成立一個由人民意志打造的「國家」，這本書裡充分展現了他的世界觀與邏輯，丟出了一個又一個問題：人類為了求生，真的有權利傷害別人嗎？誰能控制這種局面呢？國家的意義是什麼？讓人忍不住一頁接一頁翻下去，停不下來。

9《歐文自傳》（直譯）

The life of Robert Owen

初版：英國，1857

作者：羅伯特．歐文（Robert Owen，1771-1858）

打造一個能讓勞動者幸福工作的理想工廠吧——如此下定決心的歐文費盡千辛萬苦、努力不懈，最後終於成功地創造了世界上第一所消費者合作社及幼兒學校、體育館、導入日光時間制度等劃時代的創舉。而這本書就是這位革新者的自傳。我認為比起任何成功者的書，這本書會帶來更多的啟發。越了解作者本人，在看這本書的時候就會越感動。

10《如何贏得友誼，影響他人？》

How to Win Friends and Influence People

初版：Simon and Schuster，美國，1936

作者：戴爾．卡內基（Dale Breckenridge Carnegie，1888-1955）

繁體中文版：鄭鵬譯，大寫出版，2024

卡內基認為成功者們的共同的信念是「改變自己的行為，而非改變別人，就能藉此改變別人的行為」，並根據此信念採取行動。是他讓我發現思考「如何與別人建立關係呢？」這個每個人都在意的問題，才是改變自我的契機。擁有超越時代，讓人一看再看的普遍性，是可以受用一生的書。

11《怡然自得的工具》（直譯）

Tools for Conviviality

初版：Harper & Row，美國，1973

作者：伊萬．伊里奇（Ivan Illich，1926-2002）

之所以發明便利的機器是要讓人類生活的更輕鬆，結果卻讓人類變成被動地使用機器的奴隸——伊里奇如此批評現代社會，大聲疾呼應該要創造出能讓人類能更活出自我的社會。因此重點在於不能讓工具成為人類的主人，而是要由人類來駕馭工具。這本書裡充滿了構思新社會的提示，切勿錯過。

12

《杜象：午後訪談》（直譯）

Marcel Duchamp: The Afternoon Interviews

初版：Badlands Unlimited，美國，2013

作者：馬塞爾・杜象（Marcel Duchamp，1887-1968），卡爾文・托姆金斯（Calvin Tomkins）

聽到「當代藝術」這個字眼，可能會覺得那是什麼奇形怪狀的東西，不知道究竟哪裡好了——這種人只要看了這本書，或許就能一窺當代藝術的堂奧。杜象的敏銳直覺、獨特的發想、嶄新的概念、大膽的行動，以及他用來支撐這一切的人格特質，撼動了西洋藝術史，對當代藝術造成了決定性影響，值得全天下的創作者閱讀。

13

《莊子今註今譯》

初版：BC200

作者：莊子（莊周，約西元前三六九年—前二八六年）

繁體中文版：臺灣商務，2020

就連擋路的大樹也能一笑置之的莊子，「這不是很好嗎？可以在樹蔭下睡午覺。」只要從隨心所欲、無入而不自得的「遊」的境界來看，即使是別人口中「沒用」的東西也一定有用武之地——莊子最喜歡顛覆一般常識，從顛覆的角度找出價值。他認為「接受一切事物的本來面目，就能夠享受生活」的思想，至今仍壓倒性地存在於近現代的哲學中。

14

《歎異抄》

初版：1288

作者：唯圓？（1222-1289）

無論再怎麼睿智，還是有人類的智慧所不及的地方。正因為如此，人類才會變成因為不完美而日夜煩惱的生物。正因為人類如此軟弱，大可不用想著擺脫煩惱，反而要與煩惱共存——即使被視為異端思想，受到殘酷的迫害，唯圓禪師仍願意包容、接納生活在艱難時代的人們，請各位務必自己探索這些教誨的本質，充滿了有如剃刀般鋒利的言詞，是一本相當悲天憫人的書。

15《動物的外在環境與內在世界》（直譯）

The life of Robert Owen

初版：德國，1909

作者：魏克斯庫爾（Jakob Johann Baron von Uexküll，1864-1944）

昆蟲及動物感知的世界與人類感知的世界截然不同——本書一面解說大千世界的生物如何認知這個世界，一面介紹「環世界」的概念。為二十世紀以後的生物學及生命科學帶來相當大的變化，被譽為二十一世紀哲學思想的先驅，看完這本大受好評的書，肯定會有如醍醐灌頂，領悟人類理解的世界並非一切。

16《受壓迫者教育學：五十週年版》

Pedagogia do Oprimido

初版：Paz e Terra，巴西，1968

作者：保羅．弗雷勒（Paulo Freire，1921-1997）

繁體中文版：方永泉、張珍瑋譯，巨流圖書公司，2020

受到壓迫的人們經由與迫害者們的對話，第一次了解到自己的現況，得以知道自己該學習的事物。「只有透過反覆對話，才能改變現狀，取回人類的本質」——弗雷勒是這麼說的，因此他實踐對話，為世界帶來巨大的改變。他的建議是面對現實，不要害怕傾聽世界的聲音，如果你想要改變，本書或許能推你一把。

17《留給後世的珍貴遺產》（直譯）

後世への最大遺物．デンマルク国の話

初版：岩波文庫，日本，1946

作者：內村鑑三（1861-1930）

「既沒有錢，也沒有顯赫的功績或思想，這樣的自己究竟能為這個世界留下什麼呢？」如果有這種想法請拿起這本書。像自己這種平凡人究竟能為這個世界留下什麼呢？只要腦海中浮現這種想法，請多看這本書。這本書裡記錄了明治二十七年的夏天，內村先生坦率地與年輕人談話，妙語如珠的內容肯定能改變你的人生。

本書的80個提問索引

第1章 解放束縛

第2章 解開祕密

第3章
說出想法

第4章 展開探索

第5章 歸零學習

參考文獻

前言

・〈內田樹×齋藤幸平「針對『人類世』的人類滅亡危機因而當前必須學習馬克斯經濟學的理由」〉西岡千史編纂，AERA dot.，朝日新聞出版（https://dot.asahi.com/wa/2020122500035.html）（參照 2023.1.2）

父親的一封信

・《給非常日本的諫言》，清澤洌著，1933.3.14／底本：橋川文三編《暗黑日記 1》（筑摩學藝文庫）

第 1 章

某位冒險者的忠告

・《世界圖繪》（*Orbis Sensualium Pictus*），約翰・阿摩司・康米紐斯著，張淑英譯，大塊文化，2019

長達三百年的咒縛

・《公民論》（*De Cive*），湯瑪士・霍布斯著，1642

・《利維坦》（*Leviathan or The Matter*），湯瑪士・霍布斯著，莊方旗譯，五南，2021

圓形監獄的憂鬱

・《監視與懲罰：監獄的誕生》（*Surveiller et punir, Naissance de la prison*），米歇爾・傅柯著，王紹中譯，時報出版，2020

- 《怡然自得的工具》（*Tools for Conviviality*），伊萬・伊里奇著，1973

解放束縛！

- 《童年與社會》（*Childhood and Society*），艾瑞克・艾瑞克森（Erik H. Erickson）著，W. W. Norton & Co，1950

從事慢速學習

- 《語言的生物學基礎》（*Biological Foundations of Language*），艾瑞克・列尼博格（Eric H. Lenneberg）著，Wiley，1967

失敗的權利

- 〈在只要不斷試錯，就算沒有概念，所有人也都能成功的ＡＩ時代發起「創造」的方法〉（https://logmi.jp/business/articles/322126）（參照 2023.1.2）

第 2 章

逃離學校

- 〈何謂稱讚式教育？濱田壽美男〉不登校新聞（https://futoko.publishers.fm/article/3479/）（參照 2023.1.2）
- 《去學校化社會》（*Deschooling Society*），伊萬・伊里奇著，1970

一分為三的悲劇

- 《「理解方法」的探索》，佐伯胖著，小學館，2004
- 《心流：高手都在研究的最優體驗心理學》（*Flow*），米哈里・契克森米哈伊著，張瓊懿譯，行路，2023

被揭穿的祕密

- 《兒童的誕生》（*L'Enfant et la Vie familiale sous l'Ancien Regime*），菲立普・埃里耶斯著，1960

- 《日本幼兒史》，柴田純著，吉川弘文館，2012

人是一塊白板

- 《教育漫話》（*Some Thoughts Concerning Education*），約翰・洛克著，徐大建譯，五南，2019

兒童就是兒童？

- 《社會契約論》（*Du contrat social ou Principes du droit politique*），讓－雅克・盧梭著，李平漚譯，五南，2021
- 《愛彌兒》（*Emile: ou De l'education*），讓－雅克・盧梭著，魏肇基譯，臺灣商務，2013

別用教科書壓迫小孩

- 《歐文自傳》（*The life of Robert Owen*），羅伯特・歐文著，1857

第3章

對能力的信仰

- 《遺傳的天才》（*Hereditary Genius*），法蘭西斯・高爾頓（Francis Galton）著，Prometheus，2006
- 《名為責任的虛構・增補版》，小坂井敏晶著，筑摩學藝文庫，2020
- 〈學校扮演的角色是什麼？〉Shinji Iwaki（https://note.com/shinji_iwaki/n/na47be051d2c7）（參照 2023.1.9）
- 〈小坂井敏晶氏線上演講『名為教育的虛構』〉We-Steins Japan（https://www.youtube.com/watch?v=7jlqCjHi8Yo&feature=share&app=desktop）（參照 2023.1.9）
- 《ＩＱ到底是什麼？》，村上宣寬著，日經ＢＰ，2007

第4章

循環論證的陷阱

・《怡然自得的工具》(*Tools for Conviviality*),伊萬・伊里奇著,1973
・《貨幣論》,岩井克人著,筑摩書房,1993

跨越優劣的分水嶺

・《如何贏得友誼,影響他人?》(*How to Win Friends and Influence People*),戴爾・卡內基著,鄭鵬譯,大寫出版,2024

I+E=M

・《菁英體制的崛起》(*The Rise of the Meritocracy*),麥可・楊恩(Michael Young)著,Penguin Books,1958
・《菁英體制的各種問題》(*Problems of 'Meritocracy'*),約翰・戈德索普(John Goldthorpe)

就算提升學力又如何?

・《2049年「金錢」消滅》,齊藤賢爾著,中央新書,2019

把不同的點連起來

・〈「Connecting The Dots」,寶僑公司也採用的全新連結方式的革新運動〉米田惠美子(https://agenda-note.com/brands/detail/id=827)(參照2023.1.2)

車輪的「無意義」

・《杜象:午後訪談》(*Marcel Duchamp: The Afternoon Interviews*),馬塞爾・杜象、卡爾文・托姆金斯著,2013

無用之用

・《莊子今註今譯》,莊子著,臺灣商務,2020

第5章

惡人正機的剃刀

・《歎異抄》，唯圓著，岩波文庫，1931

別回答，而是向自己提問

・《人種不存在》（*L'Humanité au pluriel*），貝特朗・喬丹（Bertrand Jordan）著，SEUIL，2008

・《我們如何走到今天？》（*How We Got to Now*）史蒂芬・強森著（Steven Johnson），Riverhead Books，2015

創造與理解

・《動物的外在環境與內在世界》（*Umwelt und Innenwelt der Tiere*），魏克斯庫爾著，1909

・〈如何不被世界改變〉緒方壽人（https://note.com/ogatahisato/n/n3e0da74d14da）（參照2023.1.2）

給予與被贈予

・〈獨立就是「增加可依賴的對象」〉全國大學生活協同組合連合會（https://www.univcoop.or.jp/parents/kyosai/parents_guide01.html）（參照2023.1.2）

・《信用的新世紀》，齊藤賢爾著，Impress R&D，2017

・《世界是由贈予構成的》，近內悠太著，NewsPicks出版社，2020

改變世界的魔法

・〈什麼是溝通能力？〉內田樹的研究室（https://blog.tatsuru.com/2013/12/29_1149.html）（參照2023.1.2）

・《受壓迫者教育學：五十週年版》（*Pedagogia do Oprimido*），保羅・弗雷勒著，方

永泉、張珍瑋譯，巨流圖書公司，2020

連成大圓的小小弧線

- 〈那些他們沒有說過的話〉（*Falser Words Were Never Spoken*），布萊恩・莫頓（Brian Morton），紐約時報，2011.8.29
（https://www.nytimes.com/2011/08/30/opinion/falser-words-were-never-spoken.html）（參照2023.1.2）
- 〈穆罕默德・尤努斯博士的致詞：「把人生分成兩個階段，實現三個零」〉Felix清香（採訪、撰文），Biz/Zine（https://bizzine.jp/person/detail/2707）（參照 2023.1.2）
- 〈穆罕默德・尤努斯博士與社會創業家的對話：「夢想要大，起步要小」〉Felix清香（採訪、撰文），Biz/Zine（https://bizzine.jp/person/detail/2708）（參照 2023.1.2）
- 《活得精彩》，日野原重明著，U–REAG，2001

終生歸零學習

- 《科技育成：TECHNIUM》（*What Technology Wants*），凱文・凱利（Kevin Kelly）著，Penguin Books，2011

留給後世的珍貴遺產

- 《追尋意義：開啟創新的下一個階段》（*Overcrowded*），羅伯托・維甘提（Robert Verganti）著，吳振陽譯，行人，2019
- 《留給後世的珍貴遺產》，內村鑑三著，岩波文庫，2011

寫在最後

- 《B的故事》（*The Story of B*），丹尼爾・昆恩（Daniel Quinn）著，周和君譯，遠流，1999

插畫之旅的冒險

泰藏先生非常希望能改變那些思考停止在「去上學是理所當然的事」的大人們的想法，這點令我非常感動。所以我也想透過插圖將這個世界有各式各樣的學習方法傳達給各位。

我從小就熱愛音樂，畫著畫著就不知不覺進入旋律的世界裡。我很喜歡這種感覺，或許可以說我是為了聽音樂才畫畫。所以內心自然而然地湧出很多靈感，心想若能把「音樂」這個概念偷渡到這本書裡或許會很有趣。

舉例來說，我在盧梭身上疊上了首位獲得諾貝爾文學獎的音樂家巴布．狄倫（Bob Dylan）的影子。他在獲獎的演說上，劈頭就說：「歌和文學不一樣」，然後才述說他寫的歌詞確實受到書的影響。我覺得他的歌詞都很有故事性，所以才會在將畢生奉獻給教育的盧梭身上重疊了他的影子也說不定。除了他以外，我還偷渡了很多我喜歡的藝術家及各式各樣的音樂家。我選擇的都是創造出各種偉大藝術及音樂作品的人物，或我尊敬的人。希望各位都能邊聽音樂邊看這本書，幻想著要是大家能因此對藝術產生興趣就太好了。

我在本書的登場人物身上投射現代藝術家的形象還有一個原因。泰藏先生在這本書裡經常與過去的偉人對談，但這些偉人在現實世界只留下肖像畫可供參考。我只能憑空想像他們說話時的表情、聲音、動作。因此我想在他們身上投射真實的藝術家，描繪出更有人味的偉人形象。例如「仰望天空，有如向上天祈禱」的康米紐斯就與創造出分身「Ziggy Stardust」的大衛・鮑伊（David Bowie）有著如出一轍的氣質。

我現在從事著畫畫這份我最喜歡的工作，直到幾年前都還為了「別讓父母為我擔心」而找工作，當個穩定的上班族。那份工作也很有成就感，可是在我的內心深處總想著，總有一天希望自己能成為一個活躍的插畫家。如果我在十幾歲的時候就看到這本書，或許能更早意識到自己的想法。

有時候，無意中聽見的旋律或書中的插圖，會成為人生中遇見重要事物的契機。希望我的「插畫的冒險之旅」有機會能與各位再相遇。

插畫家

あけたらしろめ（aketarasirome）

一九八八年出生，黑白插畫家、設計師，兩個小孩的父親。二〇一一年畢業自多摩美術大學產品設計系。自二〇一三年起開始展開創作生涯，一面在音響機器公司負責設計產品，一面設計以雙胞胎小白與小美為主角的作品。二〇一八年自立門戶，成為專職插畫家，經營開放空間工作室。二〇二〇年將據點搬到札幌，創作包含素描、動畫、漫畫、網版印刷等作品。夢想是蓋一間美術館。

翻轉學　翻轉學系列 132

冒險之書

在 AI 時代，打造不被取代的價值

冒險の書

作　　　者　孫泰藏
譯　　　者　緋華璃
封面設計　鄭婷之
內文排版　顏麟驊
責任編輯　洪尚鈴
行銷企劃　蔡雨庭、黃安汝
出版一部總編輯　紀欣怡

封　面　圖　CoMix Wave Films
（美術總監：三木陽子、作畫：西村貴世、美術：瀧野薰）
內文插畫　aketarashirome
日文版設計　tobufune

出　版　者　采實文化事業股份有限公司
業務發行　張世明・林踏欣・林坤蓉・王貞玉
國際版權　劉靜茹
印務採購　曾玉霞
會計行政　李韶婉・許俽瑀・張婕莛
法律顧問　第一國際法律事務所　余淑杏律師
電子信箱　acme@acmebook.com.tw
采實官網　www.acmebook.com.tw
采實臉書　www.facebook.com/acmebook01

ISBN　978-626-349-693-4
定　　價　450 元
初版一刷　2024 年 7 月
劃撥帳號　50148859
劃撥戶名　采實文化事業股份有限公司
104 台北市中山區南京東路二段 95 號 9 樓
電話：(02)2511-9798　傳真：(02)2571-3298

國家圖書館出版品預行編目資料

冒險之書：在 AI 時代，打造不被取代的價值／孫泰藏作，緋華璃譯. -- 初版. -- 臺北市：采實文化事業股份有限公司, 2024.07
376 面；14.8×21 公分. --（翻轉學；132）
譯自：冒険の書：AI時代のアンラーニング
ISBN 978-626-349-693-4（平裝）

1.CST：教育哲學　2.CST：學習

520.11　　113006418